l'ABCdaire de la Pipe

Alain Maya

Flammarion

LES QUESTIONS QUE L'ON SE POSE

L'histoire de la pipe est liée à celle du tabac. L'un et l'autre s'établissent en Europe dans le courant du XVIe siècle. Matières, formes, usages ont-ils beaucoup évolués depuis cette époque ?

Le choix est si vaste en matière de tabacs et de pipes qu'il laisse souvent le néophyte perplexe. Bourrage, allumage, tirage… fumer la pipe nécessite un apprentissage. Quelles erreurs faut-il éviter pour bien entamer son initiation ?

Qu'elle soit de bruyère ou d'écume, qu'elle soit une pièce unique ou fabriquée en série, une pipe peut accompagner un fumeur durant de longues années. Comment entretient-on une pipe ?

G U I D E

I. NAISSANCE DE LA PIPE

A. La passion du métier

Même si, de nos jours, les Européens fument moins la pipe, les pipiers créent toujours des objets de toute beauté, parfois entièrement à la main. Garants d'un certain niveau de qualité, innovant par des dessins originaux, ils maintiennent et renouvellent la tradition.

- *Butz-Choquin*
- *Castello*
- *Cuty Fort*
- *Dunhill*
- *Ivarsson (Sixten)*
- *Joura (Karl Heinz)*
- *Kapp & Peterson*
- *Larsen (W. Ø.)*
- *Pipier*
- *Saint-Claude*
- *Savinelli*
- *Vauen*

B. La création d'un instrument parfait

La bruyère est le matériau le plus couramment utilisé pour confectionner la tête de la pipe. Doté de qualités naturelles irremplaçables pour le fumeur, ce bois doit subir de nombreuses transformations pour s'adapter à sa future destination. La perfection est de mise.

- *Bruyère*
- *Coloration*
- *Ébauchon*
- *Fabrication*
- *Montage*
- *Outil*
- *Polissage*
- *Râpage*
- *Sablage*
- *Séchage*
- *Vernissage*

C. Ce qui rend une pipe unique

Il n'y a pas mille façons de fabriquer une pipe, cependant chacune est un objet unique. Son poids, son dessin, sa couleur, sa finition exerceront une séduction particulière sur l'amateur.

- *Bent*
- *Classification*
- *Dessin*
- *Fait main*
- *Filtre*
- *Flamme*
- *Guillochage*
- *Œuvre d'art*
- *Straight*
- *Tuyau*
- *Virole*

II. HISTOIRE D'UNE PASSION

A. Le fumeur à ses origines

Des sables du nouvel Empire égyptien aux confins des forêts abritant les traces du peuple maya, les historiens ont traqué le fumeur originel. Aussi loin que l'on puisse remonter, la rencontre de l'homme avec sa pipe se produisit il y a plus de quatorze siècles.

- *Antiquité*
- *Bouffarde*
- *Calumet*
- *Étymologie*
- *Pétunage*
- *Raleigh*
- *Tabakskollegium*

B. Industrie et artisanat

Au XVIe siècle, la pipe s'installa en Europe avec tant de succès que sa fabrication dut s'industrialiser pour mieux répondre à l'augmentation croissante de la demande. Le besoin de qualité et d'originalité aboutit à la création d'une profession nouvelle : artisan pipier.

- *Broseley*
- *Dunkerque*
- *Gambier*
- *Gouda*
- *Musée*
- *Ulm*

C. D'autres matières pour la pipe

Des murs des salons douillets aux mains calleuses des soldats avant la bataille, la pipe a dû se transformer pour répondre aux exigences de ses adeptes. Mais son évolution est aussi le résultat de la douce alchimie entre la quête de la pipe parfaite et la découverte de nouvelles matières.

- *Ambre*
- *Argent*
- *Blanc de baleine*
- *Écume*
- *Maïs*
- *Morta*
- *Porcelaine*
- *Pyrolite*
- *Terre*

III. L'ART DE FUMER LA PIPE

A. La pipe mode d'emploi

Si dans l'art de choisir, de bourrer ou d'allumer une pipe, l'expérience apporte un plus, l'apprentissage n'est pas bien difficile. À condition d'éviter certaines erreurs, le novice trouvera rapidement les « trucs » qui lui permettront de tirer de sa pipe la plus grande satisfaction.

- *Accessoires*
- *Allumage*
- *Anatomie*
- *Bourrage*
- *Choisir*
- *Conseil*
- *Culottage*
- *Entretien*
- *Goût*
- *Prix*
- *Rangement*

B. Le tabac à pipe

Le fumeur de pipe ne se borne pas à choisir entre tabac blond et tabac brun. Il existe de nombreuses préparations aux goûts différents, des mélanges aromatiques qui conditionnent directement le plaisir de fumer.

- *Aromatisation*
- *Flake*
- *Hachage*
- *Mélange*
- *Mixture*
- *Plantation*
- *Sauçage*
- *Seita*
- *Tabac*
- *Torréfaction*
- *Transformation*

C. L'image du fumeur de pipe

Chantée par les poètes, louée par les savants qui la trouvent propice à la méditation, la pipe semble, pour les amateurs, une voie vers la sérénité. Mais elle eut aussi d'autres connotations, bien plus paillardes, quand la fumaient soldats et marins.

- *Amateur*
- *Caporal*
- *Collection*
- *Fumeuse*
- *Littérature*
- *Santé*

LA PIPE RACONTÉE

Instrument de plaisir et de sérénité importé du Nouveau Monde au XVIe siècle en même temps que le tabac, la pipe se conçoit toujours aujourd'hui, aussi bien par les pipiers* que par les fumeurs, comme un art. De ses techniques traditionnelles de fabrication au petit rituel éprouvé de son usage, elle apparaît désormais comme l'un des rares signes, heureusement anachronique mais hélas menacé, que l'homme n'est pas encore vaincu par l'éphémère et le jetable.

I. Naissance de la pipe

A. La passion du métier

Si Apollinaire et même Georges Brassens revenaient au monde, ils seraient surpris et attristés de constater que leurs semblables, les fumeurs de pipe, sont devenus rares : il semble que le déclin de la pipe s'est accéléré durant ces vingt dernières années, comme si nos modes de vie nous empêchaient toujours davantage de sacrifier, aux anciens rituels, un peu de notre temps. Et pourtant, face à cette désaffection que l'on veut croire passagère, d'admirables pipiers, industriels, artisans et même artistes, tiennent le cap de la beauté et de la qualité. À Saint-Claude*, la capitale mondiale de la pipe, au cœur du Jura français, la sympathique « Confrérie des maîtres pipiers » fabrique bon an mal an sept cent mille pipes de bruyère*. Certes, les usines y ressemblent à de vieilles manufactures, mais les artisans jurassiens sont célèbres pour leur obstination et leur goût du travail bien fait. Chaque année, ils dessinent* sur le papier de nouveaux modèles*, car un artisan véritable sait que l'objet, quelle que soit sa tradition, est toujours à réinventer. Allez ensuite à Copenhague, au royaume de la pipe la plus belle, créée comme une œuvre* d'art par des génies de la bruyère. Leurs créations sont des pièces entièrement « fait main* » qu'on appelle des *freehand*. Sixten Ivarsson*, leur maître à tous, aujourd'hui octogénaire, que certains considèrent comme le plus grand pipier du XXe siècle, invente encore dans son petit atelier. Puis revenez en France, à Crépy-en-Valois au nord de Paris. Ancien pipier de la maison Sommer (aujourd'hui disparue) qui fit le bonheur des fumeurs de pipes en écume*, Philippe Bargiel est désormais le seul artisan au monde à fabriquer, selon les règles de l'art et avec les outils* d'autrefois, ces pipes insurpassables. Comme celles de Vienne au siècle dernier, elles sont traitées au blanc* de baleine et peuvent être munies d'un traditionnel tuyau* en ambre* véritable. Elles sont quasiment hors de prix*, bien sûr, mais elles témoignent d'une telle passion et procurent un tel plaisir qu'elles donnent à l'amoureux des pipes, en dépit du temps qui passe, des raisons d'espérer.

Gustave Courbet, *Portrait de l'artiste* dit *Courbet au chien noir* (détail), 1844. Paris, Petit Palais.

B. La création d'un instrument parfait

Toutes les pipes en bruyère, qui sont l'écrasante majorité des pipes d'aujourd'hui, naissent en réalité sur les rives de la Méditerranée : c'est là que croît, uniquement à l'état sauvage et dans les maquis d'altitude, cet arbuste au nom savant d'*Erica arborea*. C'est là aussi, au Maroc, en Corse ou en Calabre, que les souches de bruyère, appelées « broussins », après avoir été arrachées, sont débitées en ébauchons*. Expédiés chez les pipiers, ils donneront chacun une pipe. Depuis son invention vers 1850, la pipe de bruyère se façonne et s'assemble de la même façon, avec le même soin méticuleux, en une cinquantaine d'opérations distinctes se déroulant selon un ordre immuable. Dans les usines et les ateliers de Saint-Claude ou d'ailleurs, seules quelques machines ont été transformées par l'électricité, et l'on travaille désormais dans le crissement des scies ou des fraises au contact du bois, le ronflement des aspirateurs placés au-dessus des outils afin d'éviter que ne se répande la fine poussière de

Râpage manuel des pipes, Cuty Fort, Saint-Claude.

bruyère. Du premier ébauchage jusqu'au dernier polissage*, la pipe peu à peu se dégage de la petite masse de bois. Même au cours de la fabrication* en série des pipes courantes, le soin porté à chacune des opérations est infini. Le perçage de la tige, notamment, requiert une extraordinaire précision : un décalage d'un millimètre enverrait la pièce au rebut. C'est le cas aussi du polissage des têtes, qui demande une telle minutie et un tel doigté que dans les usines, depuis toujours, on le réserve au savoir-faire féminin, à ces « polisseuses » formées au préalable durant au moins un an.

C. Ce qui rend une pipe unique

Mais pourquoi préfère-t-on une pipe à une autre, qu'elle soit unique ou fabriquée en série ? La pipe, instrument qui ne vit que lorsqu'on le tient en main et en bouche, est bien davantage qu'un objet : un prolongement du corps, aussi vivant que lui. Aussi cet amour qu'on peut éprouver pour certaines pipes tient à une multitude de détails, souvent purement charnels, souvent irrationnels,

Fourneau de pipe royale, Bamileke, Cameroun. Paris, musée des Arts africains et océaniens.

souvent au-delà du conscient. On aime d'abord la tenir en main, la caler dans sa paume, caresser sa texture, sentir sa chaleur. À cet égard, depuis longtemps, les pipiers savent répondre à tous les désirs, façonnant mille modèles de pipes droites (les *straight**) ou courbes (les *bent**), les sablant* pour les rendre plus légères, façonnant des fourneaux plus ou moins grands, plus ou moins ronds, avec ou sans facettes, plus ou moins épais... On aime aussi, alors que doucement le tabac* se consume, les contempler. Là encore, de nombreux détails concourrent à la séduction d'une pipe. C'est sa ligne générale mais avant tout le dessin de sa flamme* – le veinage de la bruyère – dont les contours, mystérieusement, peuvent émouvoir ou ennuyer, et dont la régularité variable est l'objet d'une classification* rigoureuse chez les marchands ; c'est aussi sa finition, naturelle, colorée* ou vernie* ; c'est encore l'éventuelle présence d'une virole* ou d'une bague. On aime enfin bien la caler entre ses dents, au point d'oublier son poids, grâce à un tuyau de bonne facture, à une lentille bien adaptée à sa dentition, dans cette ébonite quasiment idéale qu'inventa Charles Goodyear en 1839, ou mieux encore en cumberland, et pourquoi pas en ambre qui vaut le prix de l'or... Ainsi, par la beauté de sa forme et du dessin de son bois, par la sensualité et le confort de ses matériaux – toutes qualités qui sont l'œuvre de l'artisan –, la pipe est déjà prête à être aimée. Elle ne demande plus qu'un bon tabac et un bon fumeur.

II. Histoire d'une passion

A. Le fumeur à ses origines

En 1983, une équipe de savants français réunie autour de la momie du pharaon Ramsès II découvrit, dans le corps embaumé, des traces de tabac. Avait-il autrefois poussé dans la vallée du Nil ? Cette question fit la une de quelques revues d'Histoire destinées au grand public. En réalité, les fragments découverts provenaient de la blague à tabac d'un des archéologues qui avaient ouvert la momie au XIXe siècle... Quelques décennies plus tôt, le même genre de débat avait agité la communauté scientifique : les pipes en fer ou en terre* découvertes un peu partout en Europe au début du XIXe siècle, et que leurs inventeurs avaient datées de l'antiquité* romaine, étaient-elles si anciennes ? Un examen minutieux montra qu'elles avaient été fabriquées au siècle précédent. Aujourd'hui, chacun s'accorde pour établir l'origine des premières plantations* de tabac et de l'usage de la pipe sur le continent américain. La plus ancienne figuration de la pipe connue est un bas-relief d'un temple maya bâti au

Martin Engelbrecht, *Un Faiseur de tabac*, XVIIIe siècle. Paris, bibliothèque des Arts décoratifs.

VIe siècle de notre ère à Palenque, au Mexique : on y voit un prêtre portant à sa bouche un long tuyau d'où sort une épaisse fumée. L'ornementation des nombreuses pipes précolombiennes en terre ou en pierre, découvertes en Amérique Centrale et du Sud, indique un usage magique ou religieux. Un usage que l'on retrouve en Amérique du Nord, avec ces calumets* dont les différentes parties, dans la mythologie sioux notamment, sont une représentation sacrée de l'univers.

Page de droite, en haut : *Tom Pouce*, pipe de Gambier en terre, France, XIXe siècle. Collection Alain Demoly.

Mais les Indiens rencontrés par Christophe Colomb dès son premier voyage, se promenant « avec un petit tison allumé, composé d'une sorte de plante dont ils aspirent le parfum » semblaient « pétuner* » aussi pour leur seul plaisir. Une fois rapporté sur le Vieux Conti-

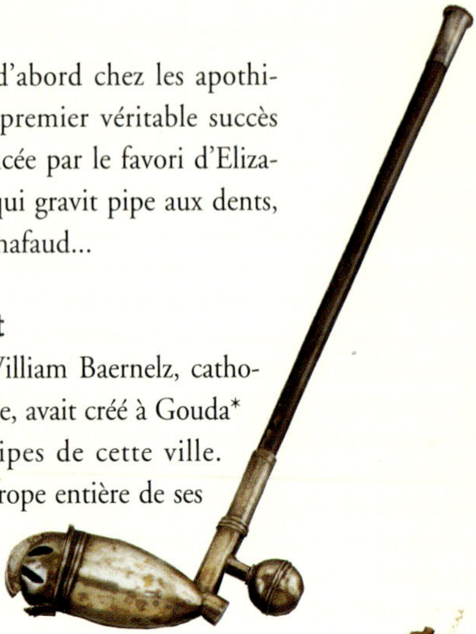

nent, le tabac fut néanmoins disponible d'abord chez les apothicaires. La pipe, quant à elle, connut son premier véritable succès populaire en Angleterre, après avoir été lancée par le favori d'Elizabeth Ire, sir Walter Raleigh*, qui gravit pipe aux dents, en 1618, les marches de l'échafaud...

B. Industrie et artisanat

Un an auparavant, le pipier William Baernelz, catholique anglais réfugié en Hollande, avait créé à Gouda* la première manufacture de pipes de cette ville. Gouda allait bientôt inonder l'Europe entière de ses bonnes pipes en terre qui – tout comme celles qu'on produisait à Broseley* et ailleurs en Angleterre depuis 1575 – imitaient au début la simplicité des pipes importées du Nouveau Monde. Vers 1660, les pipiers de Gouda employaient plus de quinze mille ouvriers. Au siècle suivant naquirent les premières pipes ornées de motifs, ou sculptées en impressionnantes pièces décoratives. En France, après la création des premières manufactures de Dunkerque*, Saint-Malo ou Marseille, c'est au XIXe siècle que s'épanouit le grand art de la pipe en terre, incarné par des maisons telles que Fiolet ou Gambier*. Le catalogue de Gambier, qui comprenait plus de deux mille modèles de pipes sculptées à l'effigie de personnages célèbres ou reproduisant les objets les plus divers, présente un remarquable condensé de la culture populaire de ce temps. Il est probable que dès l'arrivée du tabac en Europe, quelques fumeurs se soient confectionnés des pipes en bois, plus solides et pérennes que les pipes en terre. Mais ces pipes, en chêne ou en merisier, façonnées notamment à Ulm*, avaient pour défaut de dénaturer le goût du tabac, et connurent peu de développement industriel. Il fallut attendre le milieu du XIXe siècle pour que soit découvert le bois idéal : la bruyère. Elle fit la fortune et la gloire de la petite ville de Saint-Claude où, à la fin du siècle dernier, soixante-six pipiers employaient mille six cents hommes, cinq cents femmes et deux cents enfants à la production de plusieurs millions de pipes de série par an. Aujourd'hui, le relatif déclin de l'industrie pipière n'affecte pas les grands artistes de la bruyère qui, à l'exemple du Suédois Sixten Ivarsson ou de la maison italienne Castello*, ne fabriquent que des pièces uniques entièrement à la main.

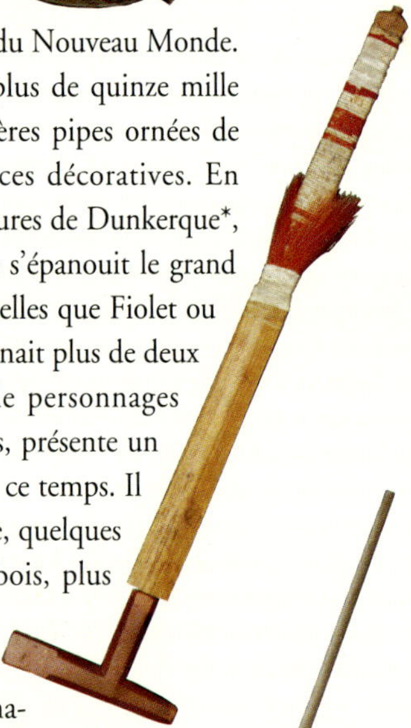

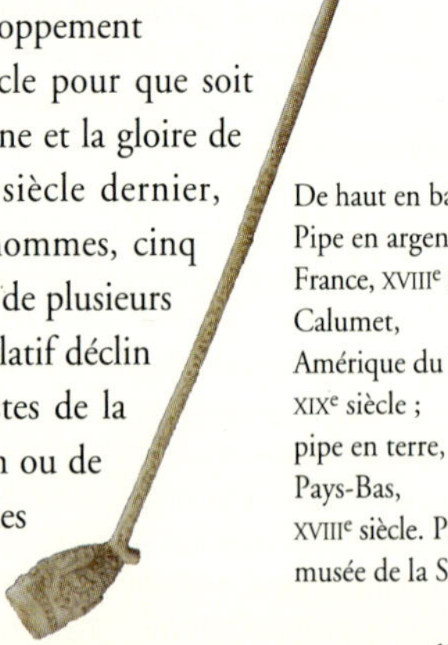

De haut en bas :
Pipe en argent, France, XVIIIe siècle ;
Calumet, Amérique du Nord, XIXe siècle ;
pipe en terre, Pays-Bas, XVIIIe siècle. Paris, musée de la Seïta.

Double page précedente : Le trempage des pipes, Saint-Claude, 1908.

C. D'autres matières pour la pipe

Outre la terre, l'écume et la bruyère, de nombreuses autres matières furent utilisées pour la fabrication des pipes. Certaines répondaient à des traditions artisanales locales et étaient destinées plutôt à la décoration : des pipes en ivoire furent très finement sculptées à Dieppe, où l'on travaillait ce matériau rare importé d'Afrique depuis le XVIe siècle ; à Venise, renommée pour ses verreries, des souffleurs audacieux réalisèrent des pipes en verre, fort belles mais infumables tant elles étaient fragiles ; des artisans italiens allèrent jusqu'à sculpter des têtes de pipe en marbre vert... Mais c'est pour répondre à des besoins précis qu'on eut recours à d'autres matériaux. Le fer et l'argent* pouvaient pallier la fragilité de la terre, particulièrement lors des campagnes militaires. La porcelaine*, parce qu'elle permettait de belles ornementations, connut un succès considérable en Allemagne aux XVIIIe et XIXe siècles. Aux États-Unis,

Écume de mer.

la porosité, la légèreté et surtout l'extrême modicité du maïs* en firent une matière courante pour la pipe après l'invention d'un fermier du Missouri en 1869. Un siècle plus tard, des pipiers lançaient en Amérique la pipe en pyrolite*, un matériau sophistiqué composé de carbone pur, inaltérable et censé, grâce à ses colorations, séduire la clientèle des jeunes fumeurs.

Aujourd'hui, partout au monde triomphe la bruyère. Loin derrière, seule l'écume semble avoir droit de cité. Pourtant, tout fumeur de pipe devrait posséder au moins deux pipes à la fois originales et d'une extraordinaire qualité : une pipe en terre, car quelques pipiers en fabriquent encore (Pascal Léonard, à Andenne près de Namur, ou Gérard Prungnaud à Saint-Quentin-la-Poterie dans le Gard) et une pipe en morta*, un bois en cours de fossilisation utilisé par le pipier Patrice Sébilo pour ses propriétés offrant la somme rêvée de la bruyère et de l'écume.

Page suivante :
Jan Cossiers (1600-1671), *Le Fumeur.* H/t 132 × 101. Anvers, musée des Beaux-Arts.

Morta.

III. L'art de fumer la pipe

A. La pipe, mode d'emploi

A priori, le mode d'emploi d'une pipe délivré par certains fabricants ressemble à celui d'une machine à laver, avec sa marche à suivre et ses conseils d'usage. En pratique, il en va tout autrement : le sympathique trio constitué de ces produits naturels et vivants que sont le fumeur, la pipe et le tabac ne peut se résumer en un choix de programme automatique, et réserve des surprises relevant des mystères les plus insondables. D'autre part, contrairement aux machines à laver, une pipe est d'autant plus efficace, c'est-à-dire bonne, qu'elle est usagée. Tout débutant doit ainsi d'abord apprendre à vieillir adroitement sa pipe neuve : c'est tout l'art du culottage*, qui exige patience et longueur de temps... mais ne doit néanmoins pas confiner au ridicule d'un culotteur d'écume que brocarda Courteline dans *L'Art de culotter une pipe* : « On ne prend une pipe d'écume ni par un bout ni par un autre (...) si ce n'est la main gantée de fil. Je dis de fil ; car le moutonneux du gant de Suède n'est rien moins qu'un antre à microbes, et le chevreau, par son glacis, est ennemi de l'écume de mer dont il enveloppe le poli naturel d'un revêtement artificiel, vaguement oléagineux et tout à fait indélébile. Apprenez de moi cette vérité. » De telles vérités, chaque vieux fumeur un peu maniaque en détient quelques-unes, tout aussi intimes et indiscutables, à propos du bourrage* de la pipe, de son allumage* ou de son entretien*. Et tout débutant doit tenter de faire son apprentissage en séparant les bons des mauvais conseils* : parmi ces derniers, les plus courants sont de flamber à l'alcool sa pipe neuve comme une crêpe suzette et de placer une « bûche » – autrement dit un petit morceau de tabac ligneux – dans le fond du foyer avant le bourrage... Parmi les bons, il n'en est pas de meilleur que celui donné par le grand Sixten Ivarsson, à qui l'on demandait un jour s'il connaissait un « truc » pour bien fumer : « Disons que l'on doit respirer en même temps que la pipe. Voilà. C'est tout. »

B. Le tabac à pipe

Quelle que soit la vénération qu'on porte à la pipe, il est bon de se rappeler parfois qu'elle n'est au fond qu'un instrument, destiné à savourer le plus agréablement possible une plante délicieuse : le tabac. *Les* tabacs, devrait-on dire, tant les préparations pour fumeur sont nombreuses. La première différence entre elles tient à la transformation* de la feuille chez le tabaculteur : séché naturellement durant un ou deux mois, puis fermenté et torréfié*, le *nicotiana tabacum* donnera ce puissant tabac brun qu'on aime surtout en France, mais de moins en moins... À l'inverse, rapidement et artificiellement séché à l'air chaud puis stocké pour un simple vieillissement, il donnera le léger tabac blond qui domine aujourd'hui le monde des fumeurs. Brun ou blond, il est ensuite traité par le fabricant. Après avoir mélangé des feuilles de plusieurs origines, il en fera des scaferlatis, autrement dit de plus ou moins fines lanières après un hachage*, ou des *flakes** après les avoir compressées puis découpées en rondelles. Mais ce qui sépare les pétuneurs en camps irréductibles ne tient pas en ces différences : dans le compartiment fumeur d'un train, la seule circonstance qui pourrait empêcher deux d'entre eux de s'adresser la parole serait que l'un fume un tabac brun naturel ou une *mixture** anglaise, et l'autre un tabac blond aromatique, autrement dit aromatisé*, par exemple au chocolat ou à la pomme, et saucé* à la réglisse ou au cacao ! En d'autres termes, que l'un soit amateur du naturel et du viril d'un « goût* » anglais ou français, et que l'autre préfère la douce fantaisie d'un américain, d'un hollandais ou d'un danois. Il y a là comme deux conceptions du monde...

Premium
W. Ø. Larsen's
Premium
Pipe Tobacco
MAC BAREN
BLACK
AMBROSIA
Aromatic
Pipe Tobacco
NET 100g PIPE TOBACCO
skandinavik
FLYING DUTCHMAN
AROMATIC
AROMATIQUE
NATURAL
P.G.C. HAJE
AMSTERDAM
MIXTURE
HAJENIUS
50 g
skandinavik
IMPORTED DANISH PIPE TOBACCO
Mixture
MADE IN DENMARK BY ORLIK TOBACCO COMPANY
100 g NET WEIGHT WHEN PACKED
OZONA
SNUFF
OZONA
SNUFF

Jean-Paul Sartre. Photographie d'Henri Cartier-Bresson, 1946.

C. L'image du fumeur de pipe

À la différence d'un fumeur de cigare ou surtout de cigarette – qui ne sont en réalité que des substituts du sein maternel ou de la tétine –, l'amateur de pipe tire presque autant de plaisir à la toucher et à la contempler qu'à la fumer. De même, à l'inverse de la cigarette, fumer la pipe exige un savoir et un cérémonial. Ainsi, entre la tétine et la pipe, il y a tout ce qui sépare l'homme de l'animal : la pipe est le propre de l'homme civilisé. On ne s'étonnera pas, donc, que les fumeurs de pipes soient le plus souvent des hommes mesurés, sages, prenant le temps de la réflexion voire de la méditation avant l'action, et donc imaginatifs, créateurs. Songeons à Albert Einstein, l'un des plus illustres amateurs* de pipe, qui déclara un jour : « Avant de répondre à une question, il faudrait toujours allumer sa pipe ! » Pourtant, ne nous fions pas trop à l'image d'Épinal : Staline aussi fut un invétéré fumeur de pipe, dont la mesure et la sagesse ne furent pas vraiment les qualités premières... L'autre image, conférée par la bouffarde* au fumeur, est le simple, le rustique, le viril, que pourrait résumer le nom de « Caporal* » donné au tabac français longtemps le plus populaire. Un tabac brun dont la pipe de Robert Sabatier, si l'on en croit sa préface à *La Grande Histoire de la pipe*, aime l'« air militaire, et même piou-piou ». Il est vrai que la pipe, à ses débuts en Europe, surtout fumée par les marins et les soldats, est très vite apparue comme un symbole phallique évident, source constante d'insinuations grivoises, voire paillardes. Bien peu de fumeuses*, telles George Sand, ont osé assumer cette image. Mais de nombreux pipiers n'en continuent pas moins de concevoir pour elles des pièces gracieuses, aux légers fourneaux et aux tuyaux effilés... qui feront peut-être demain, comme les œuvres d'art créées par des pipiers géniaux depuis quelques siècles, la joie des collectionneurs*.

Alain MAYA

Accessoires

Sans certains accessoires, il n'est pas d'entretien* possible, ni de tabagie heureuse. Au premier rang trône le cure-pipe. Il se compose d'une petite cuiller à bord dentelé pour vider la pipe ou gratter le fourneau, d'une tige d'acier pour déboucher un tuyau* ou une tige obstruée, et d'un « tasse-braise » pour tasser le tabac incandescent. Il existe des centaines de versions de cet instrument. Le fumeur avisé choisira de préférence la moins onéreuse, la probabilité de perte de ce petit objet étant pour le moins très élevée...

Autre accessoire indispensable, surtout lors des déplacements, la blague à tabac. Simple pochette en cuir ou en tissu, de taille variable, souvent doublée à l'intérieur d'une matière dérivée du caoutchouc, elle doit être imperméable et ne pas altérer le goût* du tabac. Mais le tabac* s'y dessèche immanquablement après quelques jours. Aussi la plupart des fumeurs ajoutent-ils un humidifiant : rondelle de pomme de terre ou de carotte – légumes réputés ne pas donner de goût au tabac –, pelure d'orange ou de citron, censée apporter une légère sensation de fraîcheur. La meilleure solution consiste peut-être à se procurer un petit morceau d'écume* de mer chez un fabricant, et à le placer dans sa blague après l'avoir humidifié.

Le pot à tabac est nécessaire aux fumeurs qui ont l'habitude d'élaborer leur mélange* personnel à partir des différents produits vendus dans le commerce. Là encore, la gamme des modèles proposés est très étendue, des modernes munis d'humidificateurs intégrés, aux anciens – le plus souvent en grès – qui sont parfois joliment décorés et qu'il convient d'humidifier. À cet effet, pour éviter tout dessèchement du tabac, on peut insérer dans le couvercle un papier buvard mouillé, ou mettre dans le pot une petite boîte de métal percée de trous et contenant une éponge.

Enfin, pour bien entretenir sa pipe, il est conseillé* de se procurer des chenillettes et une petite lame aiguisée.

Johann August Krafft,
Le Juge Jacob Wilder, 1819.
Hambourg, Kunsthalle.

ALLUMAGE

Après le bourrage* vient l'allumage. Le fumeur doit manier avec précaution le feu. Car si une mauvaise combustion du tabac* n'est pas bien grave, brûler le bois de son fourneau par manque d'attention est une faute qu'on ne se pardonnera jamais. Un risque encouru particulièrement par ceux qui ont tendance à incliner leur pipe pour l'allumer. Le plus sûr moyen, et en même temps le plus simple, consiste à tenir le fourneau de sa pipe à la verticale puis, tout en aspirant de petites bouffées, à promener la flamme sur le tabac, dont toute la surface supérieure doit être incandescente. Comme la masse de tabac qui vient d'être allumée a tendance à gonfler, voire à déborder un peu du fourneau, certains fumeurs la tassent légèrement, à l'aide d'un tasse-braise par exemple, provoquant une extinction partielle ou totale du tabac qui impose un deuxième allumage. Quoi qu'il en soit, il n'y a pas de honte à s'y reprendre plusieurs fois pour bien allumer sa pipe, l'essentiel demeurant d'obtenir une combustion homogène. Rien n'empêche non plus de souffler dans le tuyau* une fois la pipe allumée, bien sûr légèrement, pour attiser le foyer et garantir une bonne répartition de la braise.

Tout est bon, allumettes, briquet voire petit tison extrait d'un feu de bois qu'on peut laisser ensuite dans le foyer, pour allumer sa pipe. Les allumettes de taille normale présentent néanmoins l'inconvénient de se consumer un peu rapidement, obligeant, si l'on veut éviter de se brûler les doigts, à en utiliser au moins deux pour une pipe de forte contenance. Des allumettes spécialement conçues pour la pipe, plus longues que la normale, vous attendent chez votre marchand de tabac. Il existe aussi des briquets à gaz pour la pipe, dont la flamme se dirige perpendiculairement au briquet, c'est-à-dire vers le fourneau. En plein air, on peut utiliser aussi un bon vieux Zippo à essence. Car si l'âcre parfum du pétrole peut troubler un instant l'odorat pointilleux du fumeur ou de la fumeuse*, il n'altère en rien, contrairement à une opinion trop répandue, le goût* du tabac.

– Fume, Fanfan, fume !
Il n'y a que la pipe qui distingue l'homme du reste des animaux.
Honoré Daumier (1808-1879), *Le Chiffonnier philosophe.*
Paris, Bibliothèque nationale de France.

Amateur

Les amateurs de pipe célèbres sont légion. Citons, parmi les écrivains, Mark Twain, qui en mit une entre les mains de Tom Sawyer, son personnage le plus universel, Rudyard Kipling qui achetait chez Dunhill* son mélange* de tabacs* personnel, Jean Giono qui médita beaucoup à son sujet, et parmi les poètes, Rimbaud qui s'est montré une « Gambier* aux dents », ou Mallarmé qui écrivit combien elle le nourrissait de souvenirs et de rêves.

Georges Brassens au Moulin de la Galette, Paris, 1971.

Mais la littérature* ne détient pas l'exclusive en ce domaine. Bien des peintres ont immortalisé leur pipe, tels Van Gogh, Manet, Magritte et Picasso, ou encore Gustave Courbet qui ne l'oublia pas dans son *Autoportrait au chien noir*, peint en 1842. Deux siècles auparavant, vers 1648, Georges de La Tour signait déjà *Le Souffleur à la pipe*. Pietr Mondrian, lui, utilisa des pipes dont les lignes pures rappelaient ses tableaux. Plus proche de nous, Georges Brassens ne quittait jamais la sienne. Parmi les savants, les plus grands aficionados furent Robert Oppenheimer, Konrad Lorenz, mais surtout Albert Einstein qui déclara un jour : « Avant de répondre à une question, il faudrait toujours allumer sa pipe », et Bertrand Russell qui s'exclama : « Qui vit sans tabac n'est pas digne de vivre ! ». Nous pourrions citer encore, en vrac, Apollinaire, Carl Gustav Jung, Jean-Paul Sartre, Günter Grass, sans oublier, pour l'objectivité de notre propos, le seul grand monstre qui fut aussi fumeur de pipe invétéré : Joseph Staline. Celui-ci fumait des Dunhill qu'il ne nettoyait jamais, ce qui n'était pas le moindre de ses crimes.

Blocs d'ambre, atelier du maître pipier Philippe Bargiel.

Ambre

L'ambre véritable, dont on fit longtemps les tuyaux* des pipes en écume*, est devenu si rare que son prix* peut atteindre trente mille francs le kilo. La tradition a donc pratiquement disparu. L'ambre est une résine fossile, issue de divers arbres et vieille d'au moins un million d'années. Ses gisements les plus exploités, désormais quasiment épuisés, se trouvent sur la rive méridionale de la mer Baltique et les bords de l'Oder. Elle se présente sous la forme d'une pierre assez rugueuse, de couleur pouvant varier du blanc sale au rouge foncé.

La fabrication* d'un tuyau droit ne pose pas de problèmes particuliers : la taille du bloc à l'aide d'une scie très fine puis son polissage* au contact d'un papier abrasif doux font d'abord apparaître d'éventuels défauts, comme de petites fissures qui le rendraient inutilisable. La pièce retenue est ensuite percée et tournée.

L'affaire se complique si l'on veut façonner un tuyau courbe : pour obtenir une malléabilité convenable, l'ambre est plongé quelques secondes dans de l'huile chauffée à 120 degrés.

Après avoir extrait la pièce brûlante... à la main, à l'aide d'un petit chiffon, car tout autre instrument risquerait de laisser son empreinte, on lui fait prendre rapidement la courbe désirée, encore une fois à la main. Ajoutée au prix de l'ambre et aux défauts que l'on peut découvrir après le polissage, l'adresse exigée par cette opération qui échoue une fois sur deux explique qu'on ne fabrique plus de tuyaux courbes en ambre. Trop précieux, l'ambre est aujourd'hui remplacé par l'ambrolith, une résine synthétique de grande qualité.

ANATOMIE

Du fourneau à la lentille, un corps en deux parties

Les pipes courantes se composent de deux parties principales : une tête et un tuyau*. La tête comprend le fourneau – dont l'intérieur recevant le tabac s'appelle le foyer, et la base externe le « cul de pipe » – et dans son prolongement la tige, partie cylindrique creuse reliant le fourneau au tuyau. La variété des formes de têtes est grande, mais une quinzaine de modèles* standard se sont imposés. Aujourd'hui, leur matière est le plus souvent la bruyère*.

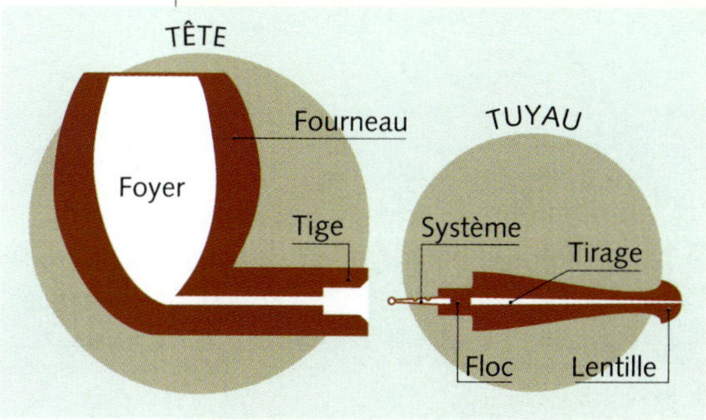

Le tuyau, quant à lui, est terminé d'un côté par la lentille – partie tenue entre les dents du fumeur, dont la forme et l'épaisseur doivent être adaptées à sa dentition – et de l'autre par le floc, petit cylindre s'insérant dans la tige. La plupart des tuyaux sont désormais en ébonite. À ces deux parties principales s'ajoutent deux accessoires facultatifs : un filtre* en plastique, métal ou papier, appelé aussi « système », qui se visse ou s'insère dans le floc, et une virole*, bague placée à la jonction du tuyau et de la tige.

Antiquité

Afin de guérir leurs maux les plus courants, les Romains inhalaient la fumée d'un grand nombre de plantes : chanvre, lavande, origan, thym, menthe, verveine... Ces inhalations se pratiquaient parfois à l'aide d'instruments. Le plus souvent, il s'agissait d'un simple roseau. Mais pour se guérir ou seulement s'enivrer, les Romains utilisaient aussi des os à moelle évidés, et même, selon certains, de véritables pipes à fourneau en terre*. Quelques-unes, baptisées *elfin pipes* (pipes de fées) en raison de leur petite taille, auraient été découvertes en Écosse et en Irlande au début du siècle. Mais les archéologues contestent aujourd'hui une datation si ancienne, tout comme celle d'autres pipes en fer ou terre semblant d'époque romaine, retrouvées dans le Jura, en Côte d'Or, ou en Espagne. Ils ont trouvé sur la plu-

part d'entre elles, au contraire, des signes évidents de techniques beaucoup plus tardives. De fait, il n'existe aucune trace d'un quelconque usage de la pipe en Europe durant tout le Moyen Âge. Aussi les historiens contemporains admettent-ils désormais que la pipe n'a pas été utilisée dans l'Ancien Monde avant le XVIe siècle et l'arrivée du tabac, si ce n'est – mais l'hypothèse demeure invérifiable – de manière extrêmement localisée.

Argent

La fragilité des premières pipes en terre* était compensée par leur prix* modique : une fois cassées, on pouvait les remplacer facilement.

Mais dans l'Europe en guerre du XVIIe siècle, ce défaut posait un problème plus grave aux soldats en campagne, fantassins et surtout cavaliers, dont les pipes ne supportaient ni les longues marches ni les chevauchées. Ainsi naquirent les premières pipes en fer, appelées parfois « pipes mousquetaires », réalisées par les forgerons des armées sur le modèle des pipes courantes en terre. Elles avaient malheureusement l'inconvénient de devenir brûlantes après quelques bouffées. Un défaut en partie corrigé avec des pipes plus sophistiquées, parfois en argent, que n'hésitaient pas à se faire fabriquer des officiers fortunés : leur fourneau était muni d'un couvercle à trous qui ralentissait la combustion. Les pipes en argent gagnèrent un temps les classes aisées de la société civile, telles des signes de grande distinction. Certaines, ciselées comme des œuvres* d'art, parfois incrustées de pierres précieuses, furent des merveilles d'orfèvrerie.

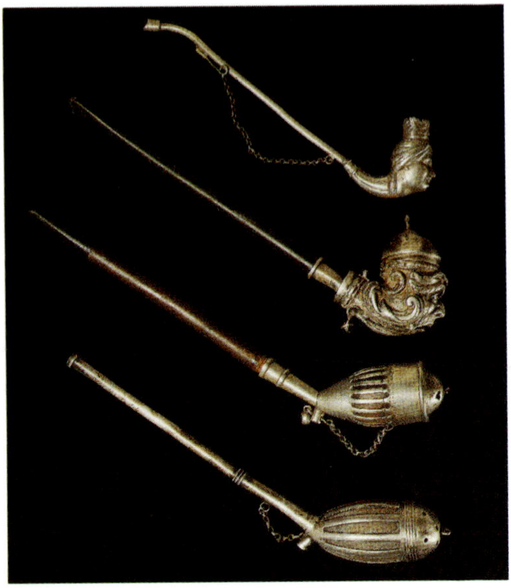

De haut en bas : pipe en argent ; pipe en argent avec tuyau en bois ; pipes en terre serties d'argent. Allemagne, XVIIe-XVIIIe siècles. Lausanne, musée de la Pipe.

Aromatisation

À côté des tabacs* naturels, les tabacs aromatiques apportent aux fumeurs la fantaisie d'ajouts de saveurs et d'arômes les plus divers : c'est le cas des tabacs dits de « goût* » américain, hollandais ou danois. Des produits en général dédaignés par les puristes, qui leur reprochent de dénaturer les qualités authentiques du tabac, de charger la langue et de piquer la gorge... Les additifs destinés à donner une saveur particulière sont introduits au moment du saucage*. C'est juste avant l'empa-

Tabac Burley présenté en *flake cut* pour mélanges aromatiques.

Sherlock Holmes, film de Basil Nathborn, 1939.

quetage du tabac qu'a lieu l'aromatisation proprement dite, appelée *flavoring*. Tout comme le subtil dosage des mélanges*, l'aromatisation du tabac requiert l'expérience et la finesse de « nez » professionnels. Un grand nombre de produits peuvent être utilisés, comme des alcools (whisky, rhum, etc.), et surtout des essences de fruits ou de plantes, telles que la menthe, ou d'épices comme le clou de girofle. Un aromaticien dispose ainsi d'environ un millier d'essences les plus diverses : des huiles essentielles naturelles et des essences artificielles (à base de molécules de synthèse) qui présentent l'avantage de la stabilité, contrairement aux premières qui varient parfois selon les saisons.

Mais mille essences ne donnent pas mille parfums fondamentalement différents : chaque arôme se décline en trois ou quatre essences très légèrement distinctes. Dans l'univers des tabacs, le *flavoring* est l'art des nuances les plus infimes. Il fait partie des secrets les mieux gardés des fabriquants.

Bent

Il existe deux grandes familles de pipes : celles à tige et tuyau* droits et celles à tige et tuyau courbes. *Straight** et *bent*, disent les Anglais, qui ont réussi, dans ce domaine aussi, à imposer leur langue au monde entier.

Parmi les *bent*, la très classique Bent elle-même, dont chacun connaît la belle courbe en forme de S qui unit tête* et tuyau. Son centre de gravité, plus bas que chez les *straight*, lui permet de paraître plus légère en bouche. Lorsque son fourneau est plus arrondi et sa tige renforcée par une virole*, elle devient une solide Bent Army. La Bent Rhodesian, robuste et trapue, possède une tige et un tuyau moins courbés et plus épais que la Bent classique ; elle est à l'opposé de la Bent Albert, que certains considèrent, pour sa finesse et la gracieuse inclinaison de son fourneau, comme la plus élégante. Un fourneau semblable, mais doté d'une tige plus longue et d'un tuyau immense, se retrouve dans la célèbre Churchwarden, particulière-

François-Hippolyte Lalaisse, *Granville. Études de costumes*, 1843-1860. Aquarelle et lavis. Paris, musée des Arts et Traditions populaires.

ment appréciée des fumeurs anglais et allemands. Enfin, parmi les *bent*, il est une impressionnante et précieuse pipe en écume*, la Calabash, confectionnée dans une écorce de calebasse – d'où son nom anglicisé – selon un usage répandu en Afrique, où l'on insère un foyer en pure écume de mer (ill. p. 53). Pièce rare et délicieuse, que l'on retrouve immanquablement dans la bouche de tous les Sherlock Holmes de cinéma.

BLANC DE BALEINE
Complément indispensable de l'écume

Bien qu'indispensable au bon fonctionnement d'une pipe en écume*, le traitement au blanc de baleine est devenu très rare. Il consiste en un bain de la tête* de la pipe dans du blanc de baleine fondu. Appelée aussi « spermaceti », cette graisse contenue dans la bosse frontale des cachalots présente l'avantage de fondre à basse température et surtout d'être à la fois une substance propre et non dégradable. Le blanc de baleine est le complément idéal de l'écume, puisqu'il en fait une matière vivante et auto-nettoyante. Sans lui, l'écume, matière hautement poreuse, est rapidement saturée par les goudrons du tabac* et devient inutilisable. Chauffant en même temps que la pipe, le blanc de baleine fond, se mélange aux goudrons absorbés et les entraîne vers l'extérieur des parois. Lorsque la pipe refroidit, la cire des parois retient les goudrons, tandis que le blanc de baleine revient à l'intérieur de la matière. Ainsi les goudrons demeurent à l'extérieur du fourneau, lui donnant, avec la cire, la belle patine recherchée. Il suffit d'ailleurs de gratter quelques dixièmes de millimètres de cette patine, allant du jaune pâle au rouge foncé selon l'âge de la pipe, pour retrouver la blancheur immaculée de l'écume. Et celle-ci conserve indéfiniment ses propriétés absorbantes, sans lesquelles elle n'aurait aucun intérêt.

Bouffarde

Si Napoléon Bonaparte ne fumait pas et se contentait de priser, il veillait néanmoins à ce que ses soldats soient toujours bien pourvus en tabac et en pipes. Outre le plaisir et le réconfort qu'elle procurait, la pipe était aussi censée combattre l'un des principaux ennemis du soldat en campagne : le sommeil. Contrairement à leur chef, de nombreux maréchaux d'Empire – Murat, Lasalle, Oudinot... – étaient d'enragés fumeurs.

Et c'est encore à un soldat de l'Empereur que les Français doivent, si l'on en croit la légende, l'un des synonymes les plus usuels du mot pipe, « bouffarde » : Jean Népomucène Bouffardi, caporal de la garde impériale et fumeur impénitent, ne lâchait jamais sa « chipparde » – autre synonyme courant à cette époque –, même au plus fort des combats. Il mourut à Friedland, les deux bras arrachés par un boulet, et l'on retrouva l'une de ses mains serrant encore sa plus fidèle amie... Ses compagnons ne manquèrent pas de lui rendre hommage, et donnèrent ainsi son nom à leurs pipes.

Notons que cette édifiante anecdote est malheureusement contestée par la plupart des étymologistes*, qui voient plus prosaïquement dans le mot « bouffer » – souffler en gonflant ses joues, gonfler, en ancien français – l'origine du mot.

Nicolas-Toussaint Charlet, *Grenadier de la Garde* (détail), 1842. Paris, Louvre.

BOURRAGE

Le bourrage, dont dépendent la saveur et le confort d'une pipe, nécessite un certain doigté – au sens propre et figuré du terme – acquis par expérience et vite transformé en automatisme. L'opération consiste tout simplement à remplir sa pipe de tabac*, de telle sorte qu'il se consume régulièrement – ce qui suppose qu'il soit suffisamment tassé –, sans pour autant condamner le fumeur à de trop violents efforts d'aspiration – ce qui implique que le tabac ne soit pas trop tassé. On l'a compris, tout se joue donc dans une subtile mesure entre le trop et le pas assez.

La meilleure technique consiste à remplir lentement son fourneau par petites pincées, pressées régulièrement avec le doigt dont la souplesse et l'habileté s'imposent d'instinct au fumeur (pour ma part, c'est l'index). Encore doit-on au préalable souffler dans son tuyau* pour vérifier qu'il est bien dégagé. La première pincée ne doit être que déposée au fond du fourneau, sans tassement. Puis les couches suivantes seront de plus en plus tassées. À l'aspiration, l'air doit passer, mais en offrant une légère résistance. Si l'effort s'avère trop grand, mieux vaut vider la pipe et recommencer toute l'opération. Si l'aspiration ne demande aucun effort, mieux vaut ajouter une ou deux pincées. Certains fumeurs expérimentés vérifient la qualité du bourrage au fur et à mesure qu'ils remplissent le foyer. Enfin, avant l'allumage*, il convient de vérifier que la surface du tabac est bien plane.

Chaque tabac exige une densité de bourrage différente selon sa texture et son degré d'humidité. Il est conseillé* au fumeur débutant de s'initier avec du tabac assez sec, et de coupe fine, plutôt qu'avec un gros tabac humide qui risque de devenir trop compact au bourrage. Cet apprenti pétuneur* doit également se méfier de quelques pratiques peu recommandables, pourtant parfois préconisées. Ainsi la disposition au fond du fourneau d'une « bûche », petit morceau de tabac ligneux, qui assurerait un meilleur tirage. Si le fumeur n'est pas un grand expert de l'art du bourrage, le résultat est garanti : la bûche finit tôt ou tard par boucher la pipe... qu'il ne reste plus qu'à vider.

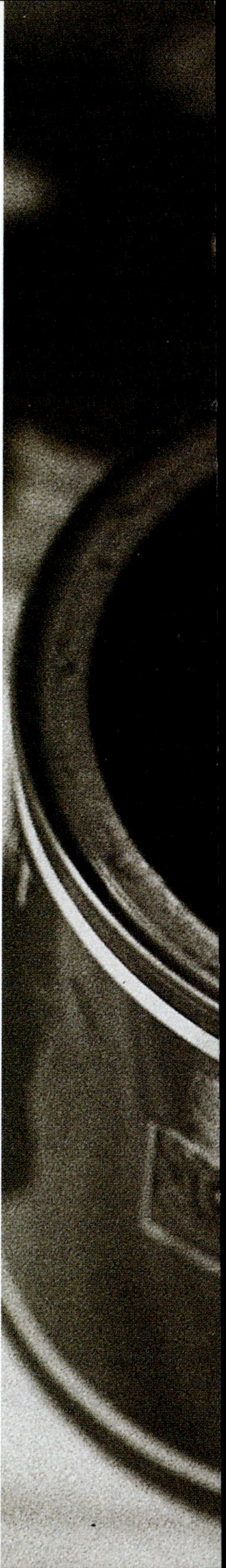

David Teniers (1610-1690), *L'Homme au chapeau blanc* (détail). Montpellier, musée Fabre.

Broseley

À la fin du XVIe siècle, la consommation croissante de tabac*, également liée à une baisse des prix induite par les nouvelles cultures locales, posa un sérieux problème en Angleterre : une pénurie de pipes. Les fumeurs utilisaient alors des pipes indiennes en terre*, importées du Nouveau Monde, produites en petite quantité et surtout très fragiles. Bientôt les importations ne suffirent plus à satisfaire la demande. Les conditions étaient réunies pour qu'apparaissent des fabriques européennes de pipes. La première fut créée en 1575 dans une ville du Shropshire, Broseley. On y produisait des pipes en terre dont le fourneau, en forme de tonneau, permettait de les poser debout sur la table. Qualité fort appréciable pour une pipe dont la matière devient brûlante après deux ou trois bouffées. Grâce à ces pipes dites « en relief », la manufacture de Broseley acquit très vite une grande notoriété dans tout le royaume. En 1600, prospéraient déjà plusieurs petites manufactures à Londres et dans la plupart des villes portuaires du pays.

Broussin.

Voir Bruyère

BRUYÈRE
Un bois à l'épreuve du feu

Nul ne sait précisément qui inventa la pipe en bruyère. On est sûr en revanche que sa fabrication* se développa à partir des années 1850 dans la petite ville jurassienne de Saint-Claude*. La bruyère offre à la pipe le bois idéal : beau, léger, dur, et surtout extrêmement résistant à la chaleur et au feu. C'est cette dernière qualité qui lui permit de triompher face aux bois utilisés auparavant : merisier, orme, aulne, noyer ou buis brûlaient en effet plus ou moins avec le tabac, altérant le goût de la fumée.

La bruyère utilisée pour la pipe ne pousse qu'à l'état sauvage, sur les pourtours de la Méditerranée (principalement au Maroc, mais aussi en Italie, Espagne, Corse, Calabre, Grèce et Algérie). Il s'agit d'une variété arborescente de l'espèce *Erica arborea*, présente dans les maquis (surtout en altitude, entre 500 et 1000 mètres) et pouvant atteindre cinq ou six mètres de haut. La partie de l'arbuste employée n'est ni le tronc ni les branches mais, quand il en possède – ce qui n'est pas toujours le cas –, une masse ligneuse en forme de bulbe, située entre la racine et le tronc et affleurant le sol, le « broussin ». L'arbuste doit être âgé d'une trentaine d'années au moins pour que son broussin atteigne le volume minimum requis : à peu près la taille d'un ballon de football. Il pèse alors environ trois kilos. Mais le plus gros broussin déterré à ce jour, au début du siècle en Italie, pesait cent dix kilos !

Malgré sa dureté, le broussin peut être travaillé facilement. Et pour couronner le tout, il est beau. Bien taillé, il présente en effet un harmonieux veinage, trace des rameaux qui l'ont constitué : il donnera la flamme* et les œils de perdrix dont les amateurs* rechercheront le dessin* le plus pur sur le fourneau et qui sera l'un des éléments déterminants du prix* de la pipe.

Souche de bruyère ou broussin.

Butz-Choquin

Fondée en 1858, la maison Butz-Choquin est l'un des pipiers* français les plus réputés. La marque – l'une des douze produites à Saint-Claude* – appartient aujourd'hui au premier « groupe » pipier français, la société Berrod-Regad. Plus de soixante mille pipes Butz-Choquin sont fabriquées par an. Les pièces de la meilleure qualité sont marquées d'un BC en or. On en trouve dans plusieurs séries de la maison, dont les plus prestigieuses, la « BC Collection » et la « Maître-Pipier », regroupent des pipes « fait* main » façonnées dans une magnifique bruyère* corse. Parfois légèrement colorées* pour faire ressortir la flamme*, la bruyère fait toute la beauté de ces pipes aux lignes néanmoins très traditionnelles, parfois ornées de bagues en matière plastique, probablement destinées à les « rajeunir ». Notons que Butz-Choquin propose une élégante série « L' de BC » destinée aux fumeuses*, dont les modèles aux très longs tuyaux* et aux petits fourneaux évoquent la *bent** Churchwarden ou les classiques pipes en terre* d'antan.

CALUMET
Des pipes pour les dieux

L'usage de la pipe en Amérique précolombienne semble très ancien, si l'on en croit l'une des plus antiques* représentations connues de cet objet, ou d'un instrument similaire : un bas-relief d'un temple maya bâti au VIe siècle de notre ère à Palenque, au Mexique, montre un prêtre en tenue de cérémonie portant à sa bouche un long tuyau* d'où sort une épaisse fumée. Plusieurs pipes précolombiennes ont d'autre part été retrouvées en Amérique centrale et dans la vallée du Mississipi. Elles sont en stéatite rouge ou en catlinite (un schiste), sculptées ou peintes de différents motifs : oiseaux, reptiles et têtes d'homme. Les motivations du fumeur étaient essentiellement religieuses. Les prêtres mayas, au cours de certains rituels, soufflaient de la fumée vers les quatre points cardinaux. Chez les Indiens du Nord, la fumée du tabac* était censée posséder des vertus magiques. Elle était inhalée dans des calumets (mot qui dérive selon l'étymologie de « chalumeau » et désigne les pipes indiennes, à longs tuyaux, en bois ou en pierre) dont les différentes parties formaient une représentation de l'univers. C'est par elle que les dieux guérissaient, insufflaient la force nécessaire pour triompher de l'ennemi puis garantissaient la paix. Mais on peut se demander si les Amérindiens n'ont pas aussi détourné ces pratiques rituelles à une fin plus prosaïque : leur propre plaisir. Ce sont de simples amateurs*, en effet, que les premiers voyageurs européens semblent avoir rencontrés en grand nombre à la fin du XVe siècle.

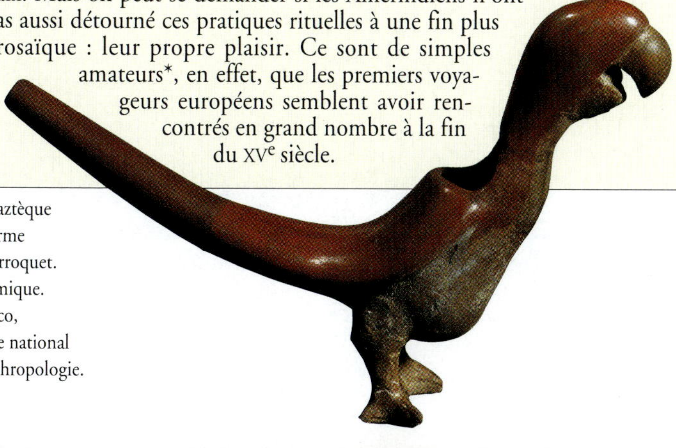

Pipe aztèque en forme de perroquet. Céramique. Mexico, musée national d'Anthropologie.

Caporal

« Du gris qu'on prend dans ses doigts et qu'on roule » dit une vieille chanson à propos du Caporal, le plus économique des tabacs* français. Apparu au milieu du XIXe siècle, il s'est très vite imposé au point de devenir un nom commun, synonyme de tabac populaire, même en littérature* : « Mon triste cœur bave à la poupe / Mon cœur est plein de Caporal », écrit Rimbaud en 1871 dans *Le Cœur du pitre*. Ce scaferlati* brun naturel est un mélange* de tabacs français et de tabacs d'Orient. Très économique, il est présenté dans un petit emballage de papier cubique, d'une contenance de quarante grammes. Il demeure encore parmi les tabacs les plus vendus en France, mais sa consommation, comme celle de tous les tabacs bruns puissants, fumés surtout dans les zones rurales, régresse d'environ 10 % par an. La Seita* produit également un mélange plus sophistiqué, le Caporal Export, parmi une demi-douzaine de tabacs bruns dont la virile robustesse, appréciée dans le monde entier, est caractéristique du goût* français.

Castello

C'est en 1947 que le pipier Carlo Scotti fonde la maison Castello, à Cantù, près de Côme. La personnalité du prince de la *freehand** italienne s'affirme bien vite dans des finitions « rustiques », qu'une ligne très fine et un soin particulier porté à un tuyau* en plexiglass de son invention, rendent suprêmement élégantes.
Légères, sablées* ou guillochées*, ses pipes montrent un dessin* parfois très original. D'autres signes distinctifs participent à leur renommée : le petit brillant ou la barrette d'ivoire incrustés dans le tuyau, le somptueux veinage des bruyères* sélectionnées dans un gisement de Ligurie tenu secret, la discrète audace des formes qui font de chaque modèle* l'évocation moderne d'un grand classique. Ne produisant que des pièces uniques dont il tenait à superviser lui-même la fabrication, Carlo Scotti refusa toujours, malgré le succès, d'engager plus de cinq artisans. Particulièrement adulé aux États-Unis au point de devenir une légende, aimé aussi pour ses qualités humaines, il déclara un jour : « La pipe a trois dimensions, plus une quatrième : celle du cœur. » Depuis sa disparition, en 1988, son ancien assistant Franco Coppo a repris le flambeau à la tête de la maison Castello.

Pipes *freehand* flammées de la maison Castello.

CHOISIR

Comment le néophyte doit-il choisir sa première pipe ? D'abord en poussant la bonne porte. Seul un authentique marchand de pipes dispose à la fois du choix, de l'expérience et du temps suffisants pour conseiller* le débutant.

Le premier critère qui s'impose est celui du prix*. Il est certain que plus une pipe est chère, plus elle a de chances d'être de bonne qualité. Mais un véritable professionnel sait toujours proposer une gamme de pipes plus économiques, tout à fait suffisantes pour assurer d'excellents débuts. Laissez-vous alors guider par le plaisir de la vue. Surtout n'achetez jamais une pipe dont l'allure ne vous satisfait pas, sous prétexte qu'elle possède d'autres qualités éminentes : un fumeur se lasse rapidement d'une pipe qui ne l'a pas séduit dès le premier coup d'œil.

Dans le cas d'une pipe de bruyère*, on doit contrôler l'éventuelle présence, très courante, de trous ou de petites failles mastiqués dans le bois. S'ils ne sont pas trop profonds, ils ne nuiront en rien à sa qualité. Mais tôt ou tard ils deviendront plus visibles, la couleur du mastic n'évoluant pas de la même manière que celle de la bruyère au fil des bouffées. En revanche, s'ils sont profonds, la bruyère risque d'éclater un jour ou l'autre. Quant aux pipes dont l'intérieur du fourneau présente des trous mastiqués lors de la fabrication*, il convient de les éviter : leur goût très désagréable durant le culottage* n'encourage pas à persévérer.

Lorsqu'on hésite entre plusieurs modèles* séduisants, mieux vaut choisir une pipe de taille moyenne mais « riche en bois » – c'est-à-dire dont le fourneau est suffisamment épais pour ne pas chauffer trop rapidement – et dotée d'un tuyau* assez long, qui aura le mérite de rafraîchir la fumée avant qu'elle n'arrive en bouche. Il est également préférable d'élire une pipe légère, au bois naturel ou sablé*, que l'on a plaisir à toucher, et qui tient « bien en main ».

Enfin, l'examen du tuyau est crucial, sa lentille devant être adaptée à la dentition et à la personnalité du fumeur : celui qui aurait tendance à mordiller voire à mordre la lentille de son tuyau, le choisira de préférence épais et rond plutôt que plat.

MEDAILLES
PARIS
1878
PARIS
1889

Pipes de la maison Gambier, XIXe siècle. Collection Alain Demoly.

Choix. Voir Classification

Cirage. Voir Coloration

Classification

À la fin de la fabrication*, la pipe passe par un tri – appelé le « choix » –, opéré selon une demi-douzaine de critères de qualité très précis (et différents selon les pays) où sont considérés la texture du bois, l'absence ou non de défauts, le nombre et l'emplacement de ceux-ci. En France, la classification qui en découle, déterminant en partie le prix* de la pipe, s'étend de la rarissime pièce au grain droit (*straight grain)*, sans défaut et dont la flamme* est parfaitement régulière, jusqu'à la « race », comprenant les pipes de deuxième ou de troisième choix où se décèlent, parfois même à l'intérieur du fourneau, de nombreux masticages. Entre les deux, le « premier choix » est constitué des catégories AB – de très belle texture et sans défaut – et AC – de texture plus commune et avec quelques rares imperfections. La catégorie A n'est presque plus utilisée aujourd'hui : il s'agit de la pipe œil* de perdrix qui a quasiment disparu. Viennent ensuite le « mixte A », qui tolère sur le fourneau de un à trois petits masticages, puis le « mixte ordinaire » qui en tolère jusqu'à cinq plus gros. Ces catégories « mixtes » offrent au fumeur dont les moyens ne sont pas illimités des pipes d'un excellent rapport qualité/prix. Le choix est parfois marqué sur la tige.

Coloration

L'ultime phase de la fabrication* des pipes de bruyère* est leur finition. Les plus belles d'entre elles, celles de premier choix*, demeurent en leur état naturel et sont seulement cirées. Les autres peuvent être teintées. La gamme des coloris est illimitée, mais les plus foncés présentent l'avantage – ou plutôt l'inconvénient – de dissimuler les imperfections et surtout les masticages. Quoi qu'il en soit, l'opération – qu'on appelle la « couleur » – est toujours effectuée à la main : on applique d'abord un mordant sur le bois, puis on le colore au pinceau ou à l'aide d'un tampon. On effectue ensuite un léger brûlage à la

COLLECTION : Les pipes entrent dans l'histoire

Une véritable collection de pipes est un ensemble de pièces qui méritent, pour une raison ou une autre, d'entrer dans l'Histoire. Parmi les collections les plus célèbres, figure celle du Français Alain Demoly, qui rassemble les plus belles pipes en terre* anciennes : la prestigieuse série de la maison Gambier* (ill. p. 68 et 107), des pipes numérotées de 400 à 500, toutes créées par un artisan demeuré anonyme, où sont représentés, par exemple, un polichinelle, un mandarin, Charlotte Corday, côtoie de magnifiques pièces polychromes, dont l'exceptionnel faune à la flûte de Pan de la maison Fiolet, célèbre au XIXe siècle. Autre Français passionné, l'antiquaire Dominique Delalande détient, entre autres trésors, d'extraordinaires pièces en écume* : celle représentant une scène de la bataille d'Arbèles qui a appartenu au tsar Alexandre Ier, ou celle à l'effigie de Roustan, le garde du corps de Napoléon, sont de véritables œuvres* d'art.
Quelques collections, heureusement, sont accessibles au public. Ainsi, les quatre cent cinquante pipes réunies à la fin du siècle dernier par l'extravagante baronne Alice de Rothschild – comprenant d'exceptionnelles pièces en terre anglaises, quelques somptueuses « Ulm* », des porcelaines* de Saxe et de nombreuses écumes – peuvent être contemplées à la bibliothèque municipale de Grasse. De même, les deux mille pipes réunies par l'antiquaire de Lausanne Jacques Schmied sont exposées au sous-sol de son magasin : parmi elles, une fabuleuse pipe lorraine du siècle dernier sculptée dans une racine de rosier, de très rares pipes en verre de Murano, de merveilleuses écumes. Citons encore la collection de la famille Dunhill*, présentée dans un petit musée* à Londres, comprenant de belles pièces anciennes et les modèles les plus spectaculaires réalisés par la maison.

flamme – le flambage – pour fixer le colorant, avant de suspendre les pipes sur des planches à clous et de les laisser sécher devant une lampe à infrarouges.
La pipe est ensuite polie sur des rouleaux de feutre, lors d'une opération nommée « éclaircissage » : il s'agit de débarrasser la teinture des éventuels coulages et d'obtenir une teinte uniforme sur l'ensemble de la tête*.
Certaines pipes sont teintées de telle sorte qu'apparaisse par contraste la texture du bois.

Pages suivantes :
Pierre-Auguste Renoir, *Portrait de Monet*, 1872.
Paris, musée Marmottan.

Coloration des pipes, Butz-Choquin, Saint-Claude.

« Seul celui qui aime le tabac
Et sait fumer une pipe
Mérite son renom
D'homme honnête
Capable de s'orienter dans
le monde
Selon ses yeux et sa raison. »

Gottlieb Stolle.

Conseil

Quelques conseils pour bien fumer votre pipe... Ne fumez pas trop vite afin d'éviter un échauffement excessif du foyer. Mais pour éviter l'extinction du tabac*, ne fumez pas trop lentement, tassez légèrement la cendre au fur et à mesure de la combustion, favorisez celle-ci en couvrant un peu le foyer avec la paume de la main. Si votre pipe s'éteint et que vous désirez l'allumer* à nouveau (à l'inverse de certains fumeurs ne rallumant jamais une pipe éteinte), tassez un peu la braise ravivée pour la remettre en contact avec le tabac non consumé ; ne rallumez jamais une pipe en écume* lors de son culottage*. Après avoir fumé, laissez la cendre refroidir avant de vider votre foyer, afin de lui permettre d'absorber toute l'humidité de la pipe, qui, elle, doit rester sèche. Pour videz votre pipe, retournez-la simplement – le tas de cendre s'en échappera tout seul –, ou éventuellement tapotez le fourneau. Par contre, ne tapotez jamais négligemment le fourneau dans le fond d'un cendrier pour le vider, vous risqueriez fort de l'endommager ; si la cendre ne tombe pas facilement, videz-la à l'aide d'un cure-pipe, accessoire* très utile. Enfin, attendez le complet refroidissement de la pipe avant de la bourrer* et de la fumer à nouveau.

CULOTTAGE

Toute pipe de bruyère* neuve doit être impérativement culottée avant usage. La pipe devient tout simplement infumable si son bois n'est pas apprivoisé. Pour ce faire, il s'agit d'obtenir progressivement, sur la totalité de la paroi du foyer, une couche de carbone, dépôt des résidus du tabac brûlé, le « culot ». Cette couche, qui protège le foyer de la combustion, doit s'étendre de façon régulière. Dans un premier temps, le foyer n'est bourré* qu'au quart de sa hauteur, et fumé très lentement, sans craindre de laisser le tabac s'éteindre, pour éviter une chaleur excessive. Ce n'est qu'après quatre ou cinq pipes que l'on peut augmenter la dose de tabac, en remplissant le fourneau d'abord au tiers, puis après cinq nouvelles pipes à la moitié, etc. Après une vingtaine de pipes, il est possible de remplir entièrement le fourneau. Durant toute cette opération, il convient, pour obtenir un culottage régulier, de fumer le tabac jusqu'au fond du fourneau, quitte à le rallumer plusieurs fois si nécessaire. Mais durant la période de culottage, et toujours pour éviter que la bruyère ne

À gauche : pipes en écume « de mer », France, XIXe siècle. En bas à droite : Calabash sertie d'argent, Angleterre. Coll. part.

brûle, une pipe ne doit jamais être refumée avant d'avoir refroidi.

Une fois la couche uniforme de carbone obtenue, la pipe est définitivement culottée. Il est conseillé de ne pas chercher à la culotter rapidement, et de ne fumer qu'une ou deux fois par jour sa nouvelle acquisition. Car durant cette période, la fumée donne le plus souvent une sensation désagréable de « piquant » sur la langue.

Les pipes en écume* ne présentent pas ce danger, étant généralement délicieuses dès la première bouffée. Néanmoins, elles n'atteignent la perfection qu'après un bon culottage. La partie inférieure du fourneau fonçant plus rapidement, les spécialistes recommandent de la fumer à moitié au début, afin d'obtenir une coloration régulière de tout le fourneau. Les pipes traitées au blanc* de baleine demandent quelques précautions supplémentaires. Il convient de fumer les trente premières à raison de une par jour tout en protégeant l'écume de vos empreintes digitales par un chiffon propre. Il est recommandé en outre de ne jamais rallumer une pipe si elle s'éteint et de fumer lentement.

Cuty Fort

Le holding Cuty Fort s'est constitué en 1987 en réunissant quatre pipiers* renommés : Chacom, Jeantet, Jean Lacroix et Vuillard. Ceux qu'on a surnommés « les quatre mousquetaires » fabriquent aujourd'hui plus de deux cent mille pipes par an. Pour la maison Chacom, Yves Grenard dessine chaque année un nouveau modèle, décliné en cinq finitions différentes et produit en série limitée. De formes classiques, les très belles « pipes de l'année » sont façonnées dans une magnifique bruyère* corse centenaire, et l'on admire surtout, parmi les finitions proposées, celles dont le magnifique veinage est exalté par une délicate teinture contrastée. Chez Jean Lacroix, qui présente tous les ans une collection* n'excédant pas une dizaine de modèles traditionnels, on remarque particulièrement les pièces colorées* mais laissant la bruyère apparente, et les tuyaux* « fait* main » en cumberland. Signalons enfin que Cuty Fort commercialise de temps à autre les œuvres très originales de Pierre Morel, créateur de *freehand*, qui sont de véritables sculptures.

DESSIN
La rigueur d'un plan d'architecte

La forme des modèles* classiques de pipes, les plus courants, s'est imposée pour tous et ne varie pas. C'est ainsi que dans les usines et les ateliers, ces modèles existent sous forme de « gabarits » que les machines reproduisent en série. Lorsque la tradition n'impose pas la forme des pipes, le bois lui-même peut s'en charger : c'est le cas des *freehand* *, sculptées à la main à partir de la texture de la bruyère*. Mais fréquemment il arrive aussi que la forme de la pipe soit le fruit de la créativité des pipiers*. Ceux-ci, en effet, présentent régulièrement de nouveaux modèles de série, imaginés sur le papier, parfois par des designers indépendants. Un projet élaboré de pipe ressemble à un plan d'architecte, chaque élément étant minutieusement étudié, mesuré, calculé, afin d'obtenir la meilleure qualité possible. Aujourd'hui, en ces temps de déclin de la consommation pipière, la conception des nouveaux modèles répond souvent à la nécessité de séduire de jeunes fumeurs. Ce fut le cas en France à la fin des années quatre-vingts, avec le lancement de deux modèles créés par Jean-Charles Lacroix, la Mini-Poyat et l'As de pipe. Et chacun se souvient d'une pipe qui fit grand bruit au début de ces mêmes années : la Porsche. Dessinée par Siegfried Ebner dans l'atelier de design de Ferdinand Alexander Porsche, dotée d'un fourneau entouré d'ailettes en aluminium, elle s'inspirait des techniques de construction automobile. Passée de mode, elle n'est plus fabriquée aujourd'hui.

Dunhill

Pour de nombreux fumeurs, les pipes Dunhill sont le *must*. Il est vrai que le fameux *white spot*, le petit point blanc gravé sur la paroi supérieure du tuyau*, signe distinctif de toutes les Dunhill, représente une garantie absolue de qualité, et que la société bénéficie d'un solide réseau de distribution dans le monde entier. Cette combinaison idéale, exigence de qualité et sens commercial aigu, la maison l'a héritée bien sûr de son fondateur, Alfred Dunhill. Créée en 1893, la bourrellerie se transforme peu à peu en fournisseur d'accessoires pour l'automobiliste.

En 1906, l'un d'eux s'étant plaint de ne pouvoir fumer dans sa voiture décapotable, Dunhill fabrique une pipe munie d'un petit écran anti-vent fixé sur le fourneau. La première pipe Dunhill est née...Un an plus tard, Alfred Dunhill ouvre à Londres son premier magasin destiné aux fumeurs, dans la très élégante Saint-James Street. Et c'est en vendant des cigares, des pipes de luxe et des mélanges* de tabacs* personnalisés – chaque recette étant consignée dans un grand et vénérable registre, qui est toujours tenu aujourd'hui par le magasin de Duke Street –, que la maison acquiert sa notoriété. Actuellement, les pièces de la gamme courante (vingt-quatre modèles en huit finitions différentes) sont d'une qualité irréprochable, justifiant leur prix* relativement élevé. Certains leur reprochent néanmoins leur allure très traditionnelle.

La créativité se rencontre chez Dunhill dans de rares *freehand** et dans quelques pièces aussi extravagantes que luxueuses, au prix exorbitant, que la maison conçoit de temps en temps : les *special editions.*

École française du XVIIIe siècle, *Vue du port de Dunkerque et du château de la Dame de Cassel.* Dunkerque, musée des Beaux-arts.

Dunkerque

Les premiers pipiers* français s'établissent au début du XVIIe siècle dans les Flandres, tout près de la Hollande et de Gouda* dont ils commencent par imiter les produits. Dunkerque, port franc par où transitaient les importations de tabac* américain, devient le premier centre important de production. D'autres fabriques de pipes sont créées par la suite dans un grand nombre de villes françaises, de Saint-Malo à Marseille en passant par Nîmes, Onnaing, Saint-Omer, Rennes et Montereau. Mais peu à peu la production de pipes en terre* – seule sorte de pipe utilisée par les Français jusqu'à la seconde moitié du XIXe siècle – se concentre dans le nord du pays. Deux importantes fabriques se partageront l'essentiel du marché au XIXe siècle : l'usine Fiolet, installée à Saint-Omer dans le Pas-de-Calais, qui produisait plusieurs dizaines de millions de pipes par an ; et surtout la célèbre maison Gambier*, fondée en 1780 à Givet, dans les Ardennes.

Sélection des ébauchons, Cuty Fort, Saint-Claude.

Ébauchon

Une fois nettoyé, le broussin de bruyère* est débité à la scie circulaire de façon à produire une ou plusieurs petites pièces de bois, les « ébauchons », qui chacune donneront plus tard une tête* de pipe.

On conserve aux ébauchons taillés dans les « plateaux », très rares, la croûte extérieure du broussin ; les plateaux sont des tranches épaisses sciées dans les broussins possédant un veinage d'une qualité exceptionnelle, qui serviront à confectionner les *freehand**.

Deux autres grandes familles d'ébauchons constituent la production courante : « marseillaises » pour les modèles de pipes droites ou *straight**, et « relevées » pour les courbes ou *bent**. Après avoir été triés, les ébauchons sont bouillis dans de grands chaudrons de cuivre chauffés au feu.

Il s'agit d'éliminer la sève du bois – qui risquerait de les fendiller en séchant –, et de les charger d'un tanin qui leur donnera une belle couleur brune.

Les ébauchons sont d'abord bouillis durant six heures puis, feu éteint, ils demeurent dans l'eau durant une douzaine d'heures. Ils sont ensuite mis à sécher sur des claies dans des locaux couverts, pendant un mois environ. Considérés comme « demi-secs », ils sont alors de nouveau triés.

Malgré la cuisson, certains se sont fendus durant ce premier séchage et doivent être éliminés. Rares sont les ébauchons qui ne présentent aucun défaut. Seuls seront conservés, emballés puis expédiés chez le pipier* – où ils connaîtront un nouveau séchage* – ceux dont les défauts sont minimes.

ÉCUME
Une douceur immaculée

L'écume « de mer » est un minéral d'une grande rareté : un silicate naturel de magnésium que les minéralogistes appellent « magnésite » ou « sépiolite ». Extraite de la terre à environ quatre-vingts mètres de profondeur, elle provient aujourd'hui du sous-sol anatolien, le principal gisement se trouvant entre Ankara et Istanbul. Sa légèreté (elle flotte sur l'eau), sa tendreté qui permet de la façonner voire de la sculpter très aisément, et surtout sa porosité qui rend la fumée très douce, en font un matériau recherché pour la pipe.

Probablement inventée en Turquie, la pipe en écume connut ses premiers succès en Hongrie au début du XVIIIe siècle puis gagna toute l'Europe. Durant deux siècles, des pipes sculptées avec parfois une extraordinaire finesse virent le jour, principalement à Vienne. Au début des années soixante, le gouvernement turc mit fin à l'exportation d'écume brute, afin de s'octroyer le monopole de la fabrication* des pipes. Le résultat fut la disparition des pipes de qualité, remplacées par des pièces mal montées, mal polies, mal traitées. Depuis quelques années, cependant, des progrès ont été accomplis, et la qualité des pipes turques – les seules pipes en écume ou presque qu'on puisse trouver – s'améliore un peu.

Parvenant à se procurer de l'écume brute, un seul pipier* au monde, le Français Philippe Bargiel, maintient la fabrication traditionnelle. Prudent forage du foyer et méticuleux perçage de la tige, taraudage extrêmement précis de celle-ci pour recevoir la vis en buis qui la raccordera au tuyau*, polissage* de la tête* à la prèle (petite fougère à tige cannelée), puis surtout indispensables bains de blanc* de baleine et de cire d'abeille, font toute la différence avec les pipes de série turques. Comme le veut la tradition, le pipier fabrique également l'obligatoire étui sur mesure, accessoire accompagnant chaque pipe.

Par ailleurs, certains fabricants proposent des pipes en bruyère* au foyer « doublé écume ». L'écume étant ici dénaturée, ces pipes n'ont aucun intérêt.

À la condition d'être bien entretenues, pipes de bruyère* et d'écume* sont éternelles, et se bonifient avec le temps. Après avoir fumé, il est conseillé* de passer à l'intérieur du tuyau* encore tiède une chenillette – petit écouvillon d'acier entouré de morceaux de tissu haché – qui absorbera le surplus d'humidité et de nicotine. Sachez qu'une pipe fumée est d'autant plus humide qu'elle est mal bourrée*. Cependant le véritable nettoyage, souvent nécessaire, demande que la pipe, une fois refroidie, soit démontée.

ENTRETIEN

Aucune partie de la pipe de bruyère ne doit être nettoyée à l'eau. Pour le fourneau, un bout de papier torsadé en une sorte de cône fera l'affaire. On peut aussi se servir de papier de verre au grain très fin. Le meilleur moyen de venir à bout des substances durcies encombrant la tige et le tuyau demeure le solvant liquide, généralement à base d'alcool, que l'on trouve chez son buraliste. On en humecte la chenillette. Certains fumeurs gourmets préfèrent tremper celle-ci dans une boisson potable, telle que le cognac ou le whisky. Quant au rythme de ces toilettages, il dépend à la fois de la forme ou de certaines particularités des pipes et de la façon de fumer. La cire à bois naturelle redonne un aspect fort sympathique à la pipe en bruyère la plus décatie.

L'écume, quant à elle, se nettoie – si besoin est – avec un peu d'eau froide savonneuse, rincée avec précaution. Il existe par ailleurs des produits spécialement conçus pour redonner une nouvelle jeunesse aux tuyaux décolorés.

Lorsque que le culot* devient trop épais à l'intérieur du foyer, il convient de « déculotter », en prenant soin de laisser un ou deux millimètres de carbone pour ne pas blesser la bruyère. L'accessoire* idéal est une petite lame de bon acier, suffisamment aiguisée pour gratter le carbone sans effort. Les pipes en écume doivent être curées plus souvent, à l'aide d'une lame à bout arrondi et très finement aiguisée. Notons enfin qu'il est possible de confier sa pipe à un spécialiste, marchand et réparateur, pour un nettoyage et un déculottage parfaits.

Étymologie

Le mot « pipe » vient du bas latin *pippare*, « pépier » (comme un oiseau), lui-même à l'origine du mot *pippa* désignant la tige de roseau utilisée comme appeau. Le même mot donnera « pipeau ». Le mot « pipe » apparaît en français dès la fin du XIIe siècle pour désigner les roseaux ou les pailles dont on se servait pour aspirer les liquides, et au XIIIe siècle son sens s'élargit à toutes sortes de tiges et de tuyaux. Ce n'est, semble-t-il, qu'à partir du début du XVIIe siècle, après la création des premières manufactures européennes, comme Broseley*, Gouda* ou Dunkerque*, qu'il désigna aussi les pipes à fumer. Le mot « tabac* » est emprunté – via l'espagnol *tabaco* – à la langue des Indiens Arawaks, rencontrés par les premiers *conquistadores*. Chez les Indiens, le mot *tabaco* désignait aussi bien la plante que le cigare... Le mot n'apparut en France que vers 1600 – quarante ans après l'introduction de la plante –, précédé de termes tels que « herbe à la reine » (car Catherine de Médicis en faisait usage) ou « angoumoisine » (en l'honneur de son premier importateur, l'Angoumois André Thevet).

FABRICATION
Plus de cinquante opérations au millimètre près

La fabrication en série des pipes de bruyère* comprend, à partir de l'ébauchon*, plus d'une cinquantaine d'opérations, qui se succèdent toujours dans un ordre immuable. Ne seront citées ici que les principales. Le calibrage est la première d'entre elles. Il précède la transformation des ébauchons, déjà séchés* et triés, en têtes* de pipe, et vise à rectifier légèrement leur forme toujours un peu

imprécise. À la scie circulaire, l'ouvrier remodèle les angles et les plans afin d'obtenir un ébauchon rigoureusement rectangulaire, qui pourra ainsi s'adapter avec précision aux formes des machines. Pour dégager de l'ébauchon, encore brut, le fourneau et le foyer, on passe ensuite à l'ébauchage. La base de l'ébauchon est maintenue entre les mâchoires d'un outil* nommé « gueule de loup », et la pièce est tournée tandis que deux outils coupants façonnent en même temps le foyer et les deux tiers supérieurs du fourneau. Le tiers inférieur est encore pris dans la base de l'ébauchon, celle-ci, maintenue dans les mâchoires, étant inaccessible. Cette partie du fourneau, nommée cul de pipe, sera dégagée lors de deux étapes ultérieures, le fraisage et

le râpage*. Mais d'abord vient le varlopage, durant lequel l'ouvrier, à l'aide d'une varlope d'acier munie de lames tranchantes et tournant à grande vitesse, dégage la tige. Désormais, l'ébauchon comprend donc un fourneau – inachevé –, un foyer, et une tige. Lors du fraisage, le foyer de la pipe est engagé sur un petit mandrin conique, et le cul de pipe approché d'une fraise, dont les fers, de taille et de forme variables, sont galbés selon le dessin* de la future tête de pipe. La forme définitive du fourneau est presque achevée, elle est peaufinée par le râpage.

Commence alors l'une des opérations les plus délicates, le perçage. Le foyer est engagé sur une forme en buis, puis, après un réglage très minutieux, la tige est approchée de la mèche d'une perceuse horizontale. La mèche, constamment graissée au suif, doit déboucher très précisément dans le bas et au centre du foyer. Un décentrage d'un seul millimètre – qui entraînerait immanquablement des problèmes de tirage pour le fumeur – enverrait la pipe au rebut.

Après ces étapes essentielles, l'ébauchon ayant désormais toutes les caractéristiques d'une tête de pipe, quelques finitions s'imposent. Il s'agit notamment du masticage et du bobéchonnage. Le masticage est destiné à corriger tous les petits défauts – trous ou petites fentes – du bois. L'opération est naturellement réalisée à la main. On commence par accentuer légèrement les défauts à l'aide d'une petite gouge, puis on les rebouche en appliquant avec une spatule une bonne dose de mastic, composé d'un mélange de colle de poisson et de poudre d'albâtre. Seules les pipes *free-hand** ne sont jamais mastiquées. Le bobéchonnage, lui, consiste à polir l'intérieur du foyer, et à éliminer les irrégularités et peluches de bois subsistant après l'ébauchage. Ce travail s'effectue à l'aide d'un « bobéchon », petite masse de feutre imbibée d'huile et enduite de ponce, qu'on presse dans le foyer.

Les opérations suivantes concernent le tuyau*, l'assemblage de l'ensemble et les finitions. En premier lieu, après un second perçage de la tige, le montage* précise les contours de la lentille et du floc. Ce dernier subit ensuite un taraudage pour créer le pas de vis qui recevra le filtre*. Le réparage vise ensuite à aligner le plus parfaitement possible tige et tuyau, dont les diamètres externes sont différents. L'opération s'effectue au tour, un petit disque revêtu de toile verrée passant à grande vitesse sur les parties à « réparer ». Maintenant que tête et tuyau sont assemblés, les dernières petites imperfections peuvent être gommées lors du polissage*. Après, la plupart des têtes connaissent une coloration*, un cirage ou un vernissage* ; certaines subissent également un sablage* ou un guillochage*. La majorité des pipes passent ensuite au tubage, pour fixer le filtre dans le tuyau, et toutes au soufflage, qui élimine par air comprimé les poussières résiduelles. Reste alors le placement éventuel d'une virole* ou d'une bague, et le marquage où sont gravés la marque du fabricant, le nom de la série, éventuellement la catégorie et le numéro du modèle, et enfin le lieu de fabrication. Ce marquage se fait sur la tige, grâce à une machine munie de fers chauffés et actionnée au pied par une pédale. Certains pipiers* préfèrent encore utiliser la méthode traditionnelle, avec un fer tenu en main et par forte pression du bras. La pipe est désormais prête pour la classification*.

Pipe sculptée par le maître pipier Roger Vincent.

Fait main

À côté de la fabrication* en série, l'artisanat de la pipe privilégie la qualité et la beauté du « fait main ». Il existe deux sortes d'artisans pipiers* : ceux qui façonnent leurs pièces manuellement mais en s'aidant d'un tour, et ceux qui les façonnent entièrement à la main – d'où le nom donné à leurs pipes, *freehand*. Les seconds, à l'inverse des premiers, peuvent modeler la pipe en respectant intégralement la texture du bois. Pour les « tourneurs », la fabrication commence par l'esquisse au crayon du modèle de tête* imaginé, ou commandé par le client, sur une face de l'ébauchon*. Celui-ci est ensuite découpé à la scie à ruban selon le dessin. Les étapes suivantes ressemblent à celles de la fabrication en série, à un détail

Page 62 : Les frères Le Nain, *Famille de paysans* (détail), v. 1645. Paris, Louvre.

près, important : lors de l'ébauchage et du varlopage, ce n'est pas une machine qui façonne la pièce tournée, mais un outil* tenu par l'artisan.

En revanche, pour ceux qu'on appelle parfois les « maîtres pipiers », (aujourd'hui le plus souvent italiens ou danois), le travail commence par le choix de l'ébauchon. Scié dans un « plateau » et présentant des qualités exceptionnelles, c'est lui qui détermine la forme de la pièce. Travaillant uniquement à la main, sans tour, le maître pipier peut en effet suivre au plus près la texture du bois, et déterminer la forme en fonction des petits défauts qu'il convient de contourner ou d'éliminer à la lime. Une *freehand* n'est en effet jamais mastiquée. Pour le reste, les étapes de la fabrication sont les mêmes. On peut contempler sans fin une pipe en bruyère* « fait main », son veinage, sa couleur, ne jamais se lasser de caresser sa texture, d'admirer sa finition. On peut l'aimer sa vie durant.

Filtre

La plupart des pipes courantes présentent, vissé à l'extrémité du tuyau*, un filtre – appelé aussi « système » – en papier, en métal ou en plastique, censé filtrer nicotine et goudrons. Ces filtres sont soit jetables, soit pérennes et lavables. Le seul conseil qu'on puisse donner à leur égard est de les éviter pour conserver au tabac* toute sa saveur, et à la pipe tout son plaisir. Les filtres ont en effet la fâcheuse tendance d'augmenter la condensation à l'intérieur du tuyau et d'altérer la fumée en lui donnant un arrière-goût de vieille nicotine. Si l'on désire diminuer les effets nocifs pour la santé* sans se priver des qualités du tabac, mieux vaut ne pas avaler la fumée (comme la plupart des fumeurs de pipe), fumer lentement et bien entretenir sa pipe. Les filtres peuvent être néanmoins utiles lorsque la pipe est toute neuve, pour adoucir le « piquant » de la fumée. Mais il ne faut pas hésiter à s'en débarrasser dès que la pipe est culottée*.

La Pipe. Caricature allemande, 1866. Paris, bibliothèque des Arts décoratifs.

Blocs de tabac présenté en *flake cut*.

Flake

Les feuilles de certains tabacs*, au lieu de subir un hachage* pour donner les traditionnels scaferlatis, sont d'abord chauffées puis comprimées sous pression en un gros bloc très compact. Le bloc est ensuite découpé en tranches, puis ces tranches en fines lamelles – appelées *flakes* – que le fumeur trouvera dans son paquet et devra triturer pour bourrer* sa pipe. Le tabac préparé de cette manière reçoit l'appellation de *flake cut*. C'est pour éviter au fumeur pressé d'avoir à malaxer lui-même les *flakes* qu'a été conçu le *ready rubbed*, tabac pressé dont les lamelles sont défaites et réduites en fragments plus ou moins compacts dans des tambours rotatifs. Les tabacs Cavendish et Black Cavendish (dont le nom ne désigne pas une variété mais des produits subissant une double fermentation, à l'origine de leur extrême douceur) sont généralement proposés *ready rubbed*. Les *flakes cut* et les *ready rubbed* sont une spécialité des fabricants anglais et surtout danois. Le tabac pressé donne également le *granulated* : cette fois, les tranches des blocs sont découpées en tout petits morceaux, tels des grains un peu cubiques.

Il existe des présentations plus marginales : les tabacs *curly cut*, dont les feuilles sont tressées en une mince corde, puis celle-ci découpée en rondelles de un ou deux millimètres, que le fumeur introduira dans son fourneau telles quelles ou après les avoir défaites ; les *crimp cut*, dont les feuilles sont d'abord légèrement compactées, puis hachées en brins très courts (moins de deux centimètres) et ceux-ci finalement frisés par un séchage spécial ; les *loose leaf cut*, autrement dit des mélanges* contenant quelques morceaux de feuilles de tabac, non hachés ni pressés.

Flamme

La « flamme » est le dessin longitudinal (évoquant des flammes) qu'inscrit le veinage de la bruyère* à la surface de la pipe. Plus la flamme est belle, régulière, en harmonie avec la forme de la pipe, plus celle-ci prend de la valeur. Dans la classification* des pipes, les plus précieuses et les plus chères, les *straight grain* (grain droit) présentent la plus belle flamme. Les maîtres-pipiers sculptant les *freehand** dans la plus belle bruyère façonnent la pipe de façon à exalter sa flamme. La taille des beaux broussins de bruyère peut faire apparaître aussi les petites loupes circulaires du bois sur la surface du fourneau : les pipes dont tout le fourneau présente de tels dessins, appelés « œils de perdrix », sont également très recherchées par les amateurs. Les broussins étant arrachés de plus en plus jeunes, et cette loupe particulière de la bruyère étant liée à l'âge du broussin, les œils de perdrix sont malheureusement de plus en plus rares...

Pipe flammée et ébauchons de bruyère.

Freehand. Voir Fait main

FUMEUSE
Pétuner au féminin

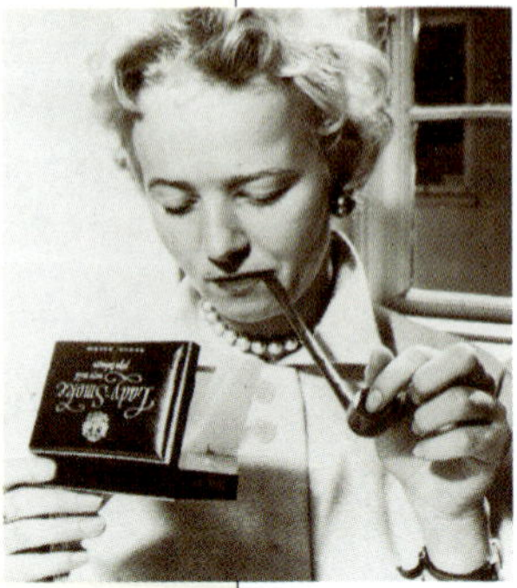

À l'origine instrument utilisé surtout par les marins et les soldats, et d'autre part symbole phallique évident, source constante d'insinuations grivoises, voire paillardes, la pipe, contrairement à la cigarette, est rarement fumée par les femmes. George Sand demeure l'exemple le plus célèbre des fumeuses de pipe, femmes qui en général désirent s'affranchir d'une image trop délicate de la féminité. C'est adonnée à ce plaisir qu'un petit dessin de Musset nous montre la « bonne dame de Nohant », vers 1835. Nul ne saura cependant si cette volonté particulière animait la très énergique marquise de Pompadour, favorite de Louis XV, qui possédait trois cents pipes et les fumait avec passion, ou encore la très délicate Élisabeth Vigée-Lebrun, qu'un autoportrait représente fumant une pipe en terre* devant un nécessaire de fumeuse avertie. Mais c'est sans doute dans le monde paysan, où les femmes ont toujours partagé à égalité avec les hommes les corvées les plus pénibles, que cette idée préconçue sur l'aspect par trop viril de la pipe s'est le moins répandue. Il n'y a pas si longtemps, en Bretagne, il n'était pas rare de rencontrer des fumeuses de pipe. Aujourd'hui encore, de nombreuses femmes n'hésitent pas à pétuner* dans le Valais suisse... Quoi qu'il en soit, que celles des champs et des villes se rassurent : aux fumeuses d'aujourd'hui qui n'aimeraient pas qu'on doute de leur féminité, de nombreuses maisons – telles Dunhill* ou Butz-Choquin* – proposent toujours des modèles de formes plus gracieuses.

Gambier

La maison Gambier, fondée en 1780 à Givet, dans les Ardennes, fut dans la France du XIXe siècle l'un des principaux fabricants de pipes en terre*. Arthur Rimbaud a immortalisé cette pipe très populaire dans le premier quatrain d'*Oraison du*

Deux pipes de la maison Gambier : *L'Écrivain public* et *Dautan jeune* (autoportrait d'un des sculpteurs de Gambier). Collection Alain Demoly.

soir (1871). Il s'y montre lui-même à dix-sept ans, assis à la table d'un cabaret enfumé par les pipes... « une Gambier /Aux dents, sous l'air gonflé d'impalpables voilures. » La grande spécialité de la maison Gambier, qui produisait cent mille pièces par jour et dont le catalogue comptait plus de deux mille modèles, était la pipe sculptée à l'effigie de célébrités ou reproduisant les objets les plus divers : des personnages historiques et contemporains tels Victor Hugo, Napoléon ou Gambetta, mais aussi fictifs ou emblématiques, tels Gervaise ou la Paimpolaise, voisinaient avec plusieurs variantes de têtes de mort, une grenouille, un poisson et même un pot de chambre. On trouvait aussi des pipes plus gaillardes, femmes nues et autres jolies jambes chaussées d'affriolantes bottines à lacets. Mais le modèle qui connut le plus de succès s'appelait la Jacob. Il représentait le visage avenant d'un vieillard barbu et enturbanné à l'orientale, dont nul ne sait aujourd'hui pourquoi il se nommait ainsi. La longue barbe de ce mystérieux Jacob explique sans doute son succès : à l'inverse de sa tête* dans laquelle était creusé le foyer, la barbe demeurait froide après l'allumage* et offrait au fumeur un excellent moyen de tenir sa pipe sans se brûler les doigts...

Gouda

Parmi les catholiques d'Angleterre réfugiés en Hollande au début du XVIIe siècle, certains artisans pipiers* s'établirent à Gouda. Cette petite ville était connue depuis le Moyen Âge pour la qualité de ses poteries, due à l'extrême finesse de l'argile présente dans le lit de sa rivière, l'Ijssel. L'essor de Gouda, qui allait devenir rapidement le principal centre producteur de pipes en Europe, fut lié à un accord tacite de non concurrence établi dès le début entre les pipiers anglais et les potiers locaux. Il perdura jusqu'à la fin des années 1630. À sa création, en 1661, la guilde des pipiers de Gouda comptait aussi bien des pipiers anglais

Jan Steen (1626-1679), *Mauvaise Compagnie.* Paris, Louvre.

que hollandais. Ils employaient alors plus de quinze mille ouvriers.
Au milieu du XVIIe siècle, les pipes en terre* de Gouda étaient encore dépourvues de tout ornement, et les artisans se contentaient de formes très simples : à petit fourneau perpendiculaire ou incliné par rapport au tuyau*, avec ou sans talon permettant de la poser droite, plus ou moins longue (de dix à quatre-vingts centimètres). Ce n'est qu'à partir du XVIIIe siècle que les artisans pipiers de Gouda imaginèrent des produits plus élaborés. Ainsi naquirent des pipes vernies* ou polies* après séchage, ornées des motifs les plus divers. La diminution du prix du tabac* conduisit d'autre part les pipiers de Gouda à produire des fourneaux plus grands. Cette modification exigeait d'améliorer encore la qualité du matériau utilisé. Les artisans y parvinrent, en obtenant par des lavages supplémentaires une argile tout à fait pure, bientôt réputée dans le monde entier.
Gouda connut son apogée au milieu du XVIIIe siècle. Ce fut l'essor de la production étrangère, surtout française et prussienne, qui peu à peu mit fin à sa suprématie.

GOÛT

Les quatre principaux pays fabricants de tabacs* pour la pipe, les États-Unis, l'Angleterre, les Pays-Bas et le Danemark, ont imposé ce qu'on appelle le « goût » de leurs produits. Les guillemets s'imposent car le concept est ici extrêmement vague et ne reflète qu'une tendance générale.

Les tabacs dits « américains » sont des mélanges aromatisés* blonds, réputés pour leur douceur et leur légèreté. Ils présentent un excellent taux d'humidité et une note dominante sucrée, tous deux obtenus au moment du *saucing* (ou sauçage*) par une forte adjonction de produits tels que le sucre, le sirop d'érable et une grande variété d'extraits de fruits. Ils ont souvent un arôme de pain d'épices. Il existe plus de deux cents mélanges* de ce type aux États-Unis. Parmi les plus connus, citons pour l'exemple le Prince Albert ou le Half and Half.

Les tabacs dit « anglais », contrairement aux précédents, ne sont pas toujours aromatisés. Ils se distinguent surtout par deux préparations particulières, très appréciées des « connaisseurs » : les *mixtures**, et les *flakes** *cuts*. Parmi les tabacs anglais les plus célèbres, citons la *mixture* de Dunhill* dotée du joli nom de Early morning pipe. La plupart des tabacs anglais sont conditionnés dans une petite boîte en métal.

Les tabacs dits « hollandais », les plus répandus aujourd'hui, sont les mélanges blonds aromatisés. On les reconnaît à leur légèreté, leur douceur et surtout leurs puissants arômes fruités. Les plus célèbres sont l'Amsterdamer, les Amphora et les Clan.

Les tabacs dits « danois », enfin, sont également des mélanges aromatiques et ressemblent, par leur fumée d'une grande légèreté, aux produits hollandais. Les Danois, cependant, ont développé quelques spécialités de tabacs pressés dont ils sont les maîtres incontestés : *flakes cut, curly cut* et Cavendish.

À ces quatre « goûts » traditionnels, il faut ajouter les tabacs bruns français, dont la virile robustesse est célèbre dans le monde entier et qui sont distribués dans un grand nombre de pays. La Seita* propose aux fumeurs de pipe une demi-douzaine de tabacs bruns, qui constituent une parfaite déclinaison du goût Caporal* traditionnel.

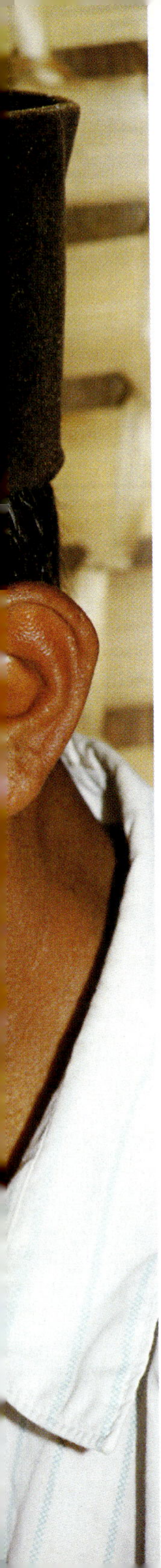

Goûteur de tabac, île de Java.

Gris.

Voir Caporal

Guillochage

Le guillochage est une finition particulière donnée aux têtes* de bruyère*. Il a désormais pratiquement disparu. Il s'agissait, lorsqu'une tête de pipe présentait un trop grand nombre de défauts, de les effacer tout simplement en sculptant la tête à la fraise. Trous et fentes de la bruyère disparaissaient ainsi dans les petits décors en relief, imitations de sablage*, rayures et autres motifs variés. Ce long travail exécuté sur des pipes très ordinaires, et donc bon marché, défiait toute logique économique. Aujourd'hui, les rares pipes guillochées sont de belle bruyère. Œuvres* de pipiers* sculpteurs, italiens pour la plupart, elles valent le prix* des *freehand**.

HACHAGE : L'ART DU *SCAFERLATI*

Le hachage des feuilles de tabac* donne au produit l'essentiel de son apparence finale : de fines lanières enchevêtrées, que l'on retrouvera aussi bien dans les cigarettes que dans les paquets de tabac, et qu'on appelle *scaferlati.* (Contrairement à une idée répandue en France, le *scaferlati* n'est donc pas le nom d'un mélange* pour pipe, mais bien celui de ces brins de tabac.) Le cigare échappe bien sûr à ce traitement, puisque ses feuilles, une fois ôtée leur nervure centrale, sont simplement roulées.

Dans le cas des tabacs pour la pipe, la plus ou moins grande finesse du hachage détermine une des caractéristiques essentielles des mélanges, celle de la taille de la coupe. Celle-ci est considérée comme un facteur de qualité. Plus la coupe est grosse, en effet, plus la combustion du tabac sera lente et plus deviendront sensibles au palais toutes les composantes de son goût*. Plus elle est fine, au contraire, plus la combustion sera rapide et plus le tabac dégagera de nicotine. Aussi les amateurs préfèrent-ils généralement des coupes d'au moins 0,7 millimètre, ce qui exclut de fumer de trop petites pipes. Selon leur taille, les coupes les plus courantes sont dites « fine » (de 0,4 à 0,6 millimètre), « normale » (autour de 1 millimètre) ou « grosse » (de 1,5 à 2,5 millimètres). Certaines très grosses coupes, plus rares, peuvent atteindre 3,5 millimètres. Notons que certains tabacs pour la pipe ne sont pas hachés, mais présentés par exemple en flakes*.

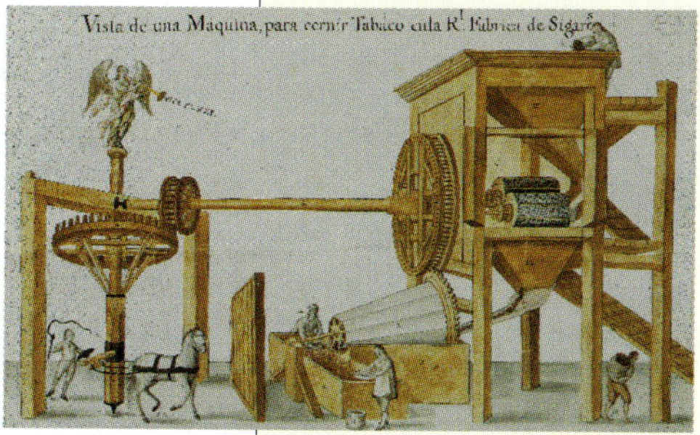

Plan d'une machine à trier le tabac dans la fabrique royale de Mexico, 1787. Aquarelle. Séville, Archives des Indes.

« Quand je bois ce tabac, salutaire aux humains
J'ai comme Jupiter l'univers dans les mains
Car je tiens dans la pipe et le feu et la terre... »

Véronneau.

Ivarsson (Sixten)

Considéré par de nombreux fumeurs comme le plus grand pipier* du XXe siècle, Sixten Ivarsson, l'« inventeur du design danois » est en réalité un Suédois, installé à Copenhague depuis 1930. En 1951, après avoir réparé des pipes pour le compte d'un marchand de Copenhague, il ouvre un petit atelier de fabrication* et entame la plus belle révolution que la pipe en bruyère* ait connu. Jusqu'alors, celle-ci n'échappait pas à des formes classiques traditionnelles. Ivarsson brise ce carcan et invente, pour chacune de ses pipes entièrement conçues à la main, un nouveau dessin*. Le plus souvent, c'est le veinage du broussin qui inspire sa création. Mais le respect de la matière ne suffit pas à expliquer son génie. Celui-ci tient avant tout en une maîtrise parfaite, mais inventive, de l'harmonie, de l'équilibre des lignes, qui fait de chaque pièce un chef-d'œuvre de pureté.

En quelques années sa réputation est faite, et des fumeurs du monde entier font pour lui le voyage à Copenhague. Âgé aujourd'hui de plus de quatre-vingts ans, le très solitaire Sixten Ivarsson travaille toujours, à son rythme, dans son petit atelier. Après avoir un temps créé des merveilles pour la maison danoise Stanwell, il n'exerce plus que pour son propre compte, et pour son plaisir. L'essentiel de sa production – pas plus de deux cents pipes par an – marquée du label *An Ivarsson product*, est exporté au Japon.

Sixten Ivarsson dans son atelier.

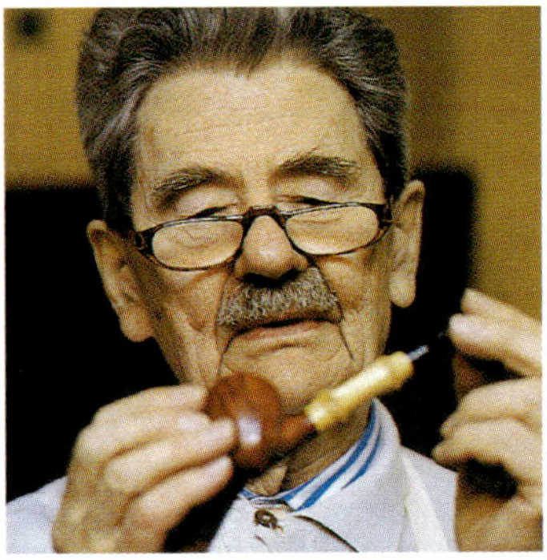

Karl Heinz Joura dans son atelier.

Joura (Karl Heinz)

Célèbre maître pipier* allemand au parcours extraordinaire (il l'est devenu après avoir été dans sa prime jeunesse champion de plongeon de haut vol, puis professeur d'éducation physique après s'être enfui d'Allemagne de l'Est), Karl Heinz Joura façonne à Brême d'extraordinaires *freehand** dans la plus belle des bruyères* corses, qu'il va lui-même sélectionner sur le terrain.

Lorsqu'on lui demande ce qui le préoccupe avant tout dans la forme d'une pipe, il répond : « La sensualité. J'aime que la pipe soit agréable à tenir en main. » Voilà pourquoi, sans doute, ses fourneaux sont souvent de forme ovoïde : ils épousent parfaitement le creux de la main. Mais Joura imagine aussi des fourneaux à facettes torsadées inspirées par la flamme*, et de fabuleuses pièces en forme de corne effilée. Les pipes « ordinaires » sont marquées d'un *Joura freehand* sur la tige, et les pièces exceptionnelles portent un point en or de dix-neuf carats incrusté sur le tuyau*. Joura fabrique environ deux cents cinquante pipes par an, qu'il vend en Allemagne, en Suisse et en Italie.

Mark Twain dans sa maison du Connecticut, en 1903, tenant une pipe Kapp & Peterson.

Kapp & Peterson

Une invention géniale est à l'origine de l'universelle notoriété de la maison irlandaise Kapp & Peterson, fondée à Dublin en 1875 lorsque le maître pipier* Charles Peterson rejoignit les frères Kapp, fabricants et marchands de pipe de la ville. Elle date de 1890, et on la doit à Charles Peterson lui-même, qui ne supportait pas l'exécrable « jus de pipe » inhérent à la combustion du tabac*. La nouveauté consiste en la présence d'un réservoir creusé dans la tête* derrière le foyer, où aboutit un tuyau* à large orifice. Grâce à ce réservoir, véritable piège à condensation, et à ce perçage particulier du tuyau facilitant le tirage, le problème du « jus de pipe » ne se pose plus. Toujours préoccupé par le confort du fumeur, Charles Peterson conçoit également en 1898 une ingénieuse lentille de tuyau, qui dirige la fumée vers le palais et non plus sur la langue. La très classique Peterson à virole* d'argent (une Bent Army) est une pièce absolument incontournable pour un fumeur averti. L'extrême soin de la finition en fait aussi un bel objet, dont la gamme comprend trois tailles différentes, quelques sablées* et quelques écumes*. Pour fêter le centenaire du fameux système, et surtout proposer de nouvelles formes, Peterson a également créé en 1990 une très belle série « Sherlock Holmes ».

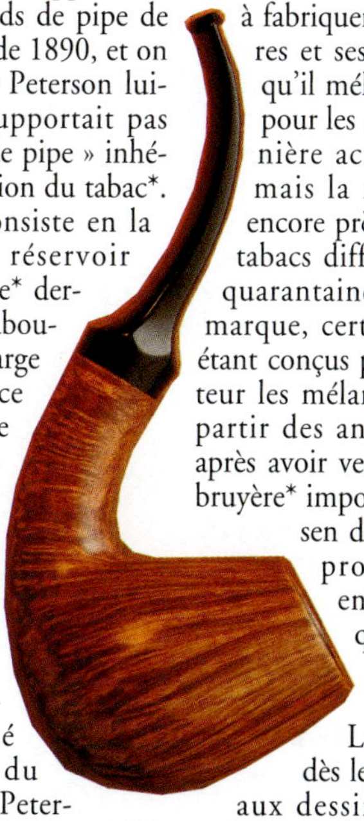

Pipe en bruyère W.Ø Larsen, Copenhague.

Larsen (W. Ø.)

Au Danemark, les W. Ø. Larsen sont une autre famille régnante. Leur palais est un beau magasin situé au cœur du vieux Copenhague, et ce depuis la création de la maison, en 1864. Après la première guerre mondiale, l'atelier W. Ø. Larsen commence à fabriquer ses propres cigares et ses propres tabacs*, qu'il mélange* sur mesure pour les clients. Cette dernière activité a pris fin, mais la maison propose encore près de quatre cents tabacs différents, dont une quarantaine sous sa propre marque, certains d'entre eux étant conçus pour que l'utilisateur les mélange lui-même. À partir des années cinquante, après avoir vendu des pipes en bruyère* importées, W. Ø. Larsen décide de créer ses propres modèles, entièrement fabriqués à la main. Ainsi, à l'initiative d'Ole W. Ø. Larsen naissent, dès le début, des pipes aux dessins* aussi variés qu'originaux, voire un peu bizarres, des fourneaux ovoïdes, inclinés, très évasés...

Aujourd'hui, au sein d'une gamme désormais très étendue, elles n'ont rien perdu de leur originalité ni de leur diversité. On y rencontre aussi bien des pipes « fait* main » mais d'usage courant que des modèles d'un veinage exceptionnel (*straight grain* et œil* de perdrix) pouvant dépasser les dix mille francs. Ces modèles sont parfois munis d'un tuyau* en ambre* reconstituée selon une recette secrète, qui mêle poudre d'ambre véritable et résine synthétique. Enfin, détail unique au monde : les pipes de la maison, jugées suffisamment originales pour être reconnues du premier coup d'œil, ne reçoivent aucune marque distinctive sur la tête* ou le tuyau.

Littérature

Parce qu'elle favorise la méditation et la rêverie, qu'elle apaise l'inquiétude, la pipe a toujours été une alliée fidèle des écrivains, et nombreux sont ceux qui n'auraient pu écrire sans elle. Baudelaire la fit parler ainsi : « Je suis la pipe d'un auteur ; (...) Quand il est comblé de douleurs (...) J'enlace et je berce son âme (...) Et je roule un puissant dictame / Qui charme son cœur et guérit / De ses fatigues son esprit. » Tendre discours d'une pipe auquel répondit un peu plus tard, pour le compléter, celle de Tristan Corbière : « Je suis la pipe d'un poète, / Sa nourrice, et j'endors sa Bête. » Mais pipe et fumeurs de pipe ont également souvent été les héros de romans ou de récits inscrits au panthéon de la littérature, plus particulièrement policière. *La Pipe de Maigret* est même l'un des titres de l'œuvre de Georges Simenon, en grande partie consacrée au célèbre commissaire qu'on ne peut imaginer sans pipe entre les dents. On songe aussi à la célèbre bouffarde* en forme de tête de taureau, talisman du « détective de choc » Nestor Burma créé par le regretté Léo Malet. Signe de son importance et de son triomphe, l'absence même de la pipe, compagne si familière qu'elle se fait oublier, traverse quelques œuvres comme le *Voyage avec ma pipe*, de Léon Werth, où elle n'apparaît quasiment jamais, ou *Dersou Ouzala*, le chasseur dont la pipe n'est évoquée que rarement dans le récit d'Arséniev, quand il s'endort, par exemple, et qu'elle tombe enfin de sa bouche...

Jean Gabin dans *Maigret et l'affaire Saint-Fiacre*, film de Jean Delannoy, 1958.

OPINEL

Maïs

La pipe en maïs a été inventée en 1869 par un fermier du Missouri. Elle présente les avantages de son prix* dérisoire, de sa légèreté et de l'excellente porosité de sa matière qui la rend très agréable à l'usage (pour la qualité de sa fumée, on l'appelle parfois « pipe en écume* de mer du Missouri »). Mais le maïs se dégrade rapidement et la pipe n'est plus fumable après un ou deux trimestres. Sa fabrication est fort simple. On récolte les épis mûrs d'une espèce bien dure, puis on les fait sécher durant de longs mois. Une fois bien secs, on les scie en plusieurs morceaux destinés chacun à devenir un fourneau. On en extrait la moelle, on façonne la tête au tour puis on la polit.

Le foyer est ensuite poncé au papier de verre, parfois enduit de plâtre, et parfois aussi de miel pour adoucir la fumée. On insère enfin dans la tête un tuyau* en ébonite ou en bambou. Le tout, produit à plusieurs millions d'exemplaires par an, est vendu quelques dollars pièce.

MÉLANGE
Des secrets jalousement gardés

On ne trouve pas, à de très rares exceptions près, de tabacs* « bruts » dans le commerce. La plupart des produits pour la pipe contiennent chacun de dix à trente tabacs différents. Si ces mélanges ont pour vertu de chatouiller agréablement le palais et l'odorat des fumeurs, ils ont pour raison d'être le maintien d'une qualité constante, malgré les variations dues aux aléas de la récolte. Ainsi le fumeur aura la garantie de retrouver toujours sous le même nom un tabac de même qualité. Chaque élément de la composition étant susceptible de modifi-

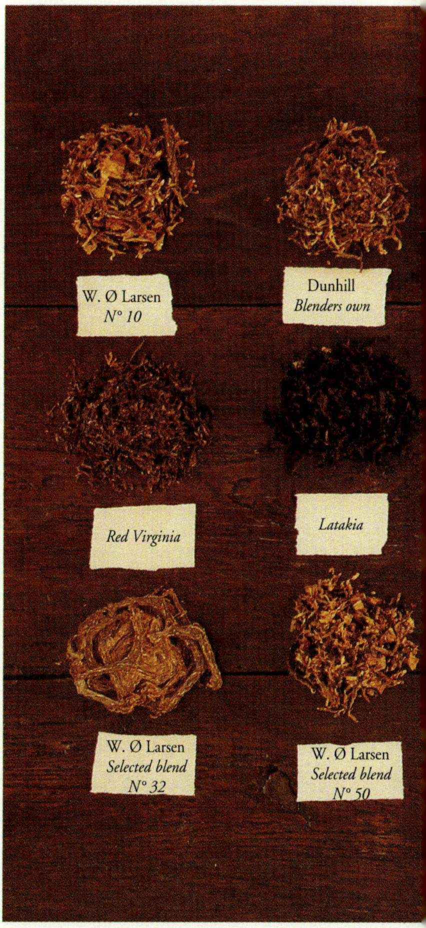

cation d'une année sur l'autre, on comprend que cette identité parfaite ne puisse être obtenue par le *blender* (l'expert des mélanges) qu'en jouant sur un grand nombre de tabacs. On entre ici dans l'univers du mystère et du secret. Chaque fabricant détient jalousement ses recettes, qui sont à la base de sa réputation et de sa prospérité.

Au moment de l'achat, la plupart des *blenders* se contentent d'observer et de toucher les feuilles pour s'assurer de quelques qualités essentielles, qui se retrouveront dans le mélange quoi qu'il arrive : leur couleur, leur texture, leur densité. Tous les mélanges, qu'ils soient ou non des « nouveautés », sont d'abord produits en petites quantités puis longuement testés par les goûteurs attitrés de la marque. Sont commentés l'apparence du produit, sa couleur, son odeur, sa consistance, puis lorsqu'il est fumé, son goût et son arôme*. Chaque dégustateur émet ensuite un avis global. Dans le cas des nouveaux produits, un système complexe de comptage des résultats décide le fabricant à tester ou non le produit auprès de fumeurs avertis, recrutés pour la circonstance. C'est seulement après cette dernière épreuve que la nouveauté pourra être proposée, telle quelle ou modifiée, à tous les consommateurs.

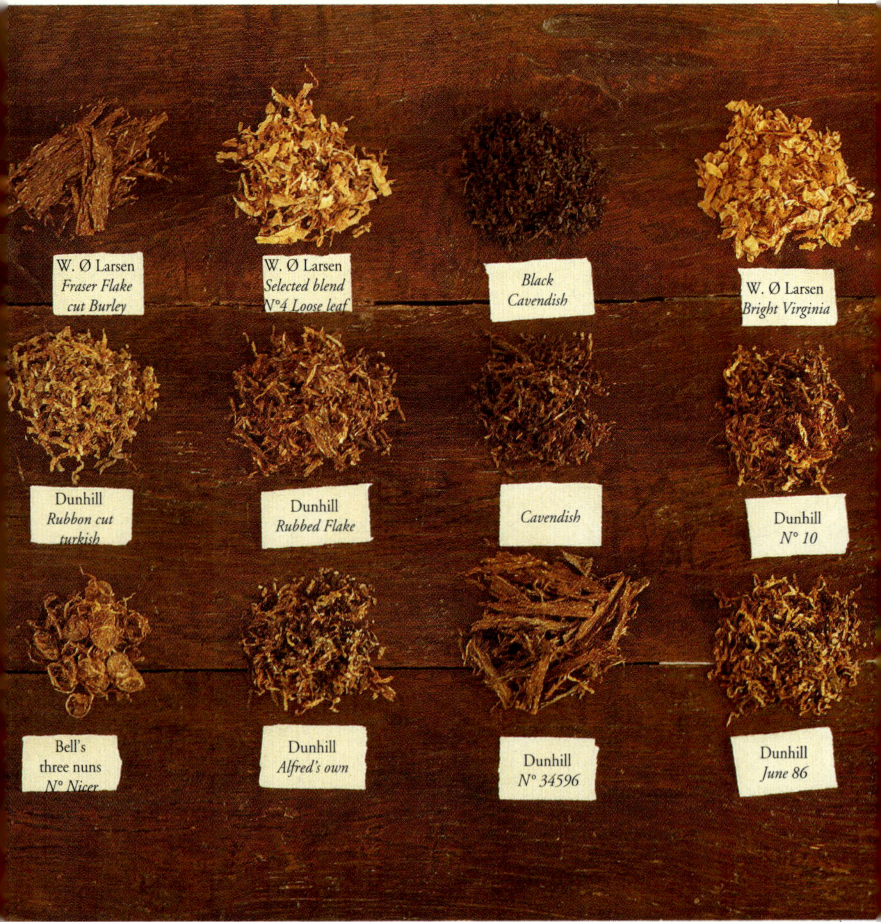

Mixture

Une *mixture*, mot anglais pour « mélange » ou « assortiment », est l'une des grandes spécialités des fabricants britanniques de tabacs* pour la pipe. Ce sont des mélanges* puissants en général non aromatisés* de Virginie, de tabacs d'Orient et de Latakié, ces derniers leur donnant leur touche de « fumé » et leur robustesse. Ils se caractérisent aussi par la couleur : une *mixture* anglaise présente toujours, entre le jaune du Virginie et le noir du Latakié, de savants contrastes destinés aux esthètes les plus raffinés. Comme la plupart des tabacs anglais, les *mixtures* sont le plus souvent vendues dans de petites boîtes rondes en métal.

Un mélange Dunhill dans sa boîte de métal.

Page 78 : Le général Mac Arthur et sa pipe en maïs, 1942.

Modèle.

Voir Bent et Straight

Montage

Lors de la fabrication* de la pipe, la tête* et le tuyau* sont façonnés séparément. Il va falloir les assembler. L'opération commence par un second perçage de la tige. On ménage l'espace qui recevra le « floc » – un petit cylindre qui termine le tuyau – et celui, de diamètre plus réduit, qui recevra le filtre*.

Ensuite, lors du montage proprement dit, la lentille – l'autre extrémité du tuyau – est retouchée afin d'obtenir le fini désiré, puis le floc est façonné à la machine pour s'adapter précisément à la tige. Ces deux opérations minutieuses s'effectuent au tour, et l'instrument de coupe n'est autre qu'un diamant industriel, (ou un ersatz, composé de poudre de diamant et d'un liant). Lui seul peut donner la précision qui permettra à la tête et au tuyau de s'épouser parfaitement, et de tenir ensemble grâce à leur seul contact. Après vient le taraudage. Il consiste à tourner un petit peigne tranchant à l'intérieur du floc, pour y creuser le pas de vis qui recevra le filtre. À cet effet, l'artisan possède un grand nombre de peignes en acier de tailles différentes, le diamètre de la vis étant précisément calculé sur ceux de la tige et du tuyau. Puis les deux parties de la pipe sont enfin assemblées.

Dans le cas, très rare, des pipes en écume* traditionnelles, le taraudage n'a pas la même fonction : il est destiné à créer dans la tige un pas pour l'indispensable vis en buis qui la raccordera au tuyau. Cette opération est extrêmement délicate : la vis doit pouvoir s'insérer sans le moindre effort et très exactement dans l'axe de la tige et du tuyau pour éviter des désastres ultérieurs.

Montage des pipes, Saint-Claude, 1908.

Morta

Au nord de l'estuaire de la Loire, les marais de Brière recèlent un trésor immergé depuis plus de cinq mille ans dans la tourbe. Environ trois millénaires avant notre ère, en effet, la forêt de chênes briéronne a été envahie par la mer. Les arbres sont morts puis ont été engloutis sous les alluvions. Aujourd'hui en cours de fossilisation, et donc fortement minéralisés, ils offrent au pipier* Patrice Sébilo un bois noir, extrêmement dur, nommé « morta ». Entre le végétal et le minéral, le morta présente donc des qualités exceptionnelles pour une pipe, alliant une solidité égale à celle de la bruyère* et une douceur rappelant celle de l'écume*. Huit troncs, mis à sécher durant environ deux ans, suffisent à produire quatre ou cinq cents pipes annuelles, vendues à l'atelier du pipier, à Herbignac. Chaque tête* est de modèle unique, entièrement façonnée à la main. Le morta se fissurant davantage que la bruyère au cours du séchage*, il est plus difficile d'en dégager des ébauchons* volumineux. La plupart des pipes de Patrice Sébilo possèdent donc un fourneau assez petit. Mais l'artisan sait profiter à merveille de cette contrainte. Tous ses fourneaux suprennent par leur belle forme originale, leur bord parfois oblique, leur base souvent plate.

Musée

Aujourd'hui il n'est plus un seul pays européen qui ne possède son musée de la pipe ou du tabac*. Au plaisir de contempler de beaux objets, ces musées allient le plus souvent des aspects didactiques. Dans cet esprit, l'un des plus célèbres est le Musée du tabac à Vienne où se trouve notamment la pipe en forme de rose du duc de Brunswick, l'une des plus anciennes d'Europe. En Italie, le musée de Gavirate, fort d'environ dix mille pièces du monde entier, n'a rien à lui envier. Aux Pays-Bas, les musées de Gouda* et de Leiden abritent surtout de belles collections* de pipes en terre* et en céramique, tandis qu'à Groningue se trouvent de superbes pipes en écume* ou en porcelaine*, dont une à l'effigie de Mme de Staël. Le voyage pourrait se poursuivre au Danemark, avec le musée W. Ø. Larsen*, en Belgique, à Wervik, Andenne ou Vresse-sur-Sémois, mais aussi en Grande-Bretagne, avec la collection Dunhill*, en Suède, en Allemagne... et bien sûr en France.

Sur la terre des planteurs, à Bergerac, l'Institut et le musée sont davantage consacrés au tabac. Pour admirer des pipes en terre, dont plusieurs à l'effigie du Christ, il faut se rendre au musée de Sandelin à Saint-Omer, et pour tout savoir sur l'histoire et la fabrication des pipes, à Saint-Claude*, bien évidemment.

Pipe en morta fabriquée par Patrice Sébilo.

Pages suivantes : Eugène Delacroix, *Femmes d'Alger dans leur appartement* (détail), 1834. Paris, Louvre.

Narguilé

« Il y a des narguilehs d'or, d'argent et d'acier ciselés, damasquinés, niellés, guillochés d'une façon merveilleuse et d'un galbe aussi élégant que celui des plus purs vases antiques ; (...) Vous fumez dans un chef-d'œuvre un tabac métamorphosé en parfum (...) », écrivait Théophile Gautier. Les narguilés (ou narguilehs selon la transcription choisie pour ce mot d'origine persane) que l'on trouve dans les bazars orientaux contemporains sont certes plus simples mais restent symboliques d'un rythme de vie indolent et empreint de nostalgie, semblable à celui peint par Eugène Delacroix dans ses *Femmes d'Alger dans leur appartement* (1834, Paris, Louvre).

Aujourd'hui encore, les cafés de Marrakech, d'Istanbul ou du Caire sont emplis d'hommes aux conversations interrompues par ce têtement infini de la pipe à eau, bercés par un gargouillis léger à chaque aspiration de la fumée odorante.

Cette pipe que l'on pose à terre, qui peut mesurer jusqu'à un mètre de haut, en verre ou en métal, est composée d'un récipient empli d'eau, servant de filtre, d'un fourneau en argile que l'on charge de tabac* et de charbon de bois incandescent, et d'un long tuyau souple que l'on porte à la bouche et par lequel on aspire.

La shisha, ainsi qu'on l'appelle au Moyen-Orient, nécessite un tabac spécial, le *ma'assil*, un mélange* épais de feuilles hachées, fermentées avec de la mélasse, qui peut être parfumé aux arômes* de fruits (pomme, pêche, poire...).

Œil de perdrix.

Voir Flamme

ŒUVRE D'ART
Belles comme des figures de proues

Fourneau de pipe en laiton, Cameroun. Paris, musée des arts africains et océaniens.

Depuis les premières pipes en pierre sculptée ou gravée des Amérindiens, jusqu'à nos jours, la tradition de la pipe ornée – à la fois instrument et œuvre d'art, et parfois destinée seulement à la décoration –, n'a jamais cessé. Parmi les plus spectaculaires, des pipes « serpentines » en faïence, dotées d'extravagants tuyaux* de plusieurs mètres enroulés, furent fabriquées au XVIIIe siècle dans le Staffordshire, en Angleterre. Il y eut aussi des pipes en porcelaine*, en argent* ciselé, en verre soufflé, en bois sculpté... L'écume*, surtout, matière relativement facile à travailler, permit la création des plus beaux chefs-d'œuvre de l'art de la pipe. Souvent munis de couvercles en argent et de tuyaux d'ambre*, ces objets, véritables petites sculptures, d'une finesse extraordinaire et représentant les motifs les plus variés (bustes ou têtes de personnages, têtes d'animaux, scènes mythologiques ou de chasse, etc.), n'étaient évidemment pas à la portée du premier venu. Exclusivement réservées à l'aristocratie et à la haute bourgeoisie, elles étaient souvent le présent somptueux qu'on offre au fumeur pour les grandes occasions. Quelques pipiers*, surtout en Turquie, sculptent toujours l'écume, avec plus ou moins de talent. Quant à la bruyère* sculptée, elle demeure une tradition à Saint-Claude*, où quelques pipiers sculpteurs ont pour spécialité les animaux, les portraits d'hommes célèbres ou ceux de leurs clients.

Outil

Parmi les outils du pipier*, nombreux sont ceux qui n'ont pas changé depuis le XIXe siècle. C'est le cas de la râpe – utilisée lors du râpage* des pièces de bruyère* de bonne qualité –, fabriquée par le râpeur lui-même à partir d'une ébauche de lime, l'angle d'attaque des stries étant spécialement conçu pour la bruyère. C'est aussi le cas des gouges pour le masticage, du bobéchon pour le bobéchonnage, des peignes pour le taraudage, chaque étape de la fabrication* nécessitant un outil particulier. Chez Philippe Bargiel, le dernier pipier d'écume* travaillant selon les méthodes traditionnelles des XVIIIe et XIXe siècles, presque tous les outils sont d'époque : pointeaux, évidoirs, couteaux, creu-

À gauche : Tête de pipe sculptée d'une scène de vendanges, Allemagne, v. 1740. Buis et argent. Collection Dominique Delalande.

soirs, tarots à main, mandrins, anneaux de serrage, nez de tour, polissoirs, mèches, fraises... Et comme ses ancêtres de Vienne, le pipier utilise toujours, pour le polissage* des têtes*, une « poupée », petit support en bois d'une vingtaine de centimètres de haut coiffé d'un amas de tissus : cette plate-forme douce et souple lui permet de tenir fermement sa pièce sans risquer pour autant de tasser la matière au contact du support. Tout tassement de l'écume, en effet, se traduirait à l'usage par une tache claire.

Pétunage

L'usage épisodique de la pipe est attesté en France depuis 1525, date de ce témoignage de Pierre Grignon, cartographe et navigateur dieppois : « Hier, j'ai rencontré un vieux matelot et j'ai pris avec lui un broc de vin de Bretagne. Tout en buvant, il a sorti soudain de sa bougette un objet en terre blanche que j'ai pris d'abord pour un écritoire d'écolier ; on eût dit un encrier avec un long tuyau et un petit gallimard ; il a rempli le gros bout de feuilles brunes cassées par lui dans le creux de la main, a bouté le feu dessus au moyen d'un briquet et, l'instant d'après, ayant mis le tuyau entre ses lèvres, il soufflait de la fumée par la bouche, ce qui fort m'émerveilla. Il me dit alors que les Portugais lui avaient appris cela et qu'eux-mêmes le tenaient des Indiens Mexicos. Il

Labrousse et Jacques Grasset de Saint-Sauveur, *Marchand d'esclaves de Gorée*, fin du XVIIIe siècle. Gravure. Paris, musée des arts africains et océaniens.

appela cela « pétuner » et dit que ce pétunage éclaircit les idées et donne des pensées joyeuses. » Le mot « pétuner », qu'on employa longtemps pour « fumer », a pour étymologie* *petun*, mot d'origine amérindienne désignant le tabac. Il semble que la plante fut importée pour la première fois du Brésil en France, vers 1555, par André Thevet, moine cordelier, grand voyageur et botaniste. En l'honneur de la ville natale du savant, elle y fut baptisée *Angoulmoisine*. Le tabac*, considéré comme une plante médicinale, fut d'abord prisé en poudre, inhalé en rouleau ou en pipe, chiqué, concocté en d'atroces préparations pharmaceutiques. Comme dans tous les pays d'Europe, l'usage de la pipe ne s'imposa en France qu'à partir du XVIIe siècle.

Pipier

Né en Europe à la fin du XVIe siècle, le métier de pipier recouvre aujourd'hui des activités assez différentes dans leur nature, sinon dans leur finalité. Peuvent être qualifiés de pipiers, en effet, aussi bien l'industriel employant plusieurs dizaines d'ouvriers et produisant des centaines de milliers de pipes de série par an, l'« artisan-pipier » qui façonne à la main quelques pièces tout en réparant les pipes de ses clients, et enfin l'artiste, « maître pipier » qui conçoit des pipes *freehand** absolument uniques, très pré-

Atelier de pipiers, Saint-Claude, 1908.

cieuses et onéreuses. Ces différents métiers ne sont pas atteints de la même manière par la diminution du nombre des fumeurs de pipe constatée depuis un quart de siècle : alors que toutes les entreprises de dimension industrielle, produisant essentiellement des pipes courantes de série, sont contraintes de revoir leur production à la baisse et de se diversifier, les artisans les plus exigeants et les plus inventifs croulent sous une demande toujours croissante. Comme si la pipe en tant qu'ustensile d'usage courant était progressivement en train de disparaître, pour laisser place à un objet rare et précieux, qu'on déguste et contemple tel un bon vin. Encore faudrait-il, pour garantir l'avenir, que de jeunes artisans soient formés. Or il n'existe aucune école d'apprentissage au métier de pipier...

Champ de tabac blond, cinq mois après la plantation.

Plantation

Lorsque les jeunes plants de tabac atteignent en pépinière une dizaine de centimètres, ils sont repiqués à la machine en plein champ. Selon les tabacs*, la densité des plantations varie de sept mille à deux cent mille plants à l'hectare.

Quelques mois passent avant la récolte (de trois à cinq selon la variété du tabac et les conditions climatiques). À ce moment-là ont lieu les travaux d'entretien : binage, fumure, désherbage et arrosage sur le champ, et sur la plante elle-même, épamprement (retirer les feuilles basses), écimage et ébourgeonnage (pour augmenter la taille des feuilles). Pendant ce temps, le tabac doit être constamment prémuni contre la voracité des insectes et diverses maladies.

Il existe deux méthodes différentes de récolte selon les régions : en tiges ou en feuilles. La première méthode consiste à sectionner la tige avec toutes ses feuilles. On transperce ensuite l'extrémité des tiges afin de suspendre un certain nombre de plantes à un fil de fer, chargé sur un engin qui conduira le tout au séchoir, pour la première phase de la transformation*. Grâce aux « coupeuses-encocheuses », machines tractées par un motoculteur, cette récolte est mécanisée. La seconde méthode, dite « en feuilles », consiste à prélever les feuilles au fur et à mesure, dès qu'elles parviennent à maturité. Dans la plupart des pays, cette récolte en feuilles est également mécanisée, à l'aide d'engins qui enjambent les plants. Les feuilles sont ensuite « enguirlandées », c'est-à-dire percées et enfilées à la machine sur des ficelles, puis portées au séchoir.

Polissage

L'une des plus délicates opérations de la fabrication* des pipes est le polissage, destiné à effacer sur la tête* et le tuyau* les dernières petites imperfections et toutes les traces qu'ont pu y laisser les machines ou le masticage. L'opération est recommencée à quatre reprises,

Polissage d'un tuyau d'ambre, atelier de Philippe Bargiel.

le tour contre lequel est promenée la pipe recevant chaque fois une toile d'un verrage plus fin. Ce gommage de tous les petits défauts exige beaucoup d'attention et de minutie : une pose un peu trop longue d'une partie de la pipe contre le tour risquerait d'aplatir une courbe, de créer une « facette » qui enverrait la pièce au rebut... Voilà pourquoi, chez les pipiers* industriels, le polissage est le plus souvent confié au doigté féminin, et qu'une année est nécessaire pour former une bonne polisseuse.
L'écume*, quant à elle, exige un polissage à la prêle. Appelée parfois « queue de cheval », la prêle est une sorte de petite fougère dont la tige cannelée, utilisée mouillée, contient en grande quantité de microscopiques grains de silice qui la rendent abrasive. À ce jour, on n'a rien trouvé de plus fin ni de plus commode pour polir l'écume.

Jean-Baptiste Siméon Chardin (1699-1779), *Pipes et vase à boire.* Paris, Louvre.

PORCELAINE
La grâce et la délicatesse du XVIIIe siècle

Dès son apparition en Allemagne vers 1710, la pipe en porcelaine éclipsa toutes ses concurrentes. Elle résistait mieux à la chaleur que la pipe en terre* et son manque de porosité était compensé par l'adjonction d'une crosse, ou « poche d'eau », adaptée à la tête*. Mais surtout sa pâte, relativement facile à travailler, permettait aux artisans de laisser libre cours à leur créativité.
La manufacture de Meissen s'illustra dès l'origine dans les pipes décorées, proposant aux fumeurs des têtes de Maures ou de Japonais, des visages féminins, des satyres... En Allemagne, au début du XIXe siècle, une multitude d'artisans spécialisés dans la décoration des pipes – les *Hausmaler* – répondait à la demande de pipes « sur mesure ». Chaque fumeur pouvait ainsi, à peu de frais, disposer d'une pipe ornée du décor de son choix. La vogue allemande pour ces objets gagna le reste de l'Europe, en même temps qu'y naissaient des manufactures de porcelaine. En France, la manufacture de Sèvres proposa plusieurs modèles aux fumeurs, dont un grand nombre à l'effigie de Napoléon.

Prix

Entre la pièce courante de série et celle conçue « sur mesure » par un maître pipier* et rehaussée d'ornements précieux, le prix d'une pipe peut varier entre quelques dizaines et quelques dizaines de milliers de francs. Entre ces deux extrêmes, une pipe de série de bonne qualité, comme celle que peut acheter par exemple le fumeur novice, coûte environ trois cents francs. Les premiers prix pour une « fait* main » sont un peu plus élevés, tandis qu'une *freehand* vaut rarement moins de trois mille francs. Trois facteurs essentiels déterminent le prix des pipes de bruyère* : la taille (les ébauchons* étant vendus au poids, plus la pipe est grosse, plus elle est chère) ; la qualité de la bruyère indiquée par le choix* (la plus ou moins

grande régularité de la disposition des flammes* ou des œils de perdrix, le nombre de masticages) et la qualité de la fabrication (industrielle, « fait main* » et *freehand*). Étant donné la rareté de la magnésite, les pipes en écume* courantes, de fabrication turque, sont toujours plus chères que leur équivalent en bruyère. Elles ne présentent aucun défaut que si elles sont parfaitement lisses. Quant au prix record pour une pipe neuve, il semblait appartenir en 1996 à la maison Dunhill* qui proposait dans sa succursale parisienne une *special edition* à virole* en platine sertie de diamants, baptisée *Diamond Pipe*, pour soixante-cinq mille francs.

Pyrolite

Issue dans les années soixante des recherches sur les nouveaux matériaux pour l'aéronautique, la pipe en pyrolite connut son heure de gloire aux États-Unis. Le matériau utilisé, la pyrolite graphitée, est composé à 99,995 % de carbone pur, et est obtenu sous vide, au cours d'un processus assez sophistiqué, dans des fours chauffés à plus de deux mille degrés pendant quatre-vingt-dix heures. Le carbone étant un bon conducteur de chaleur, les pipes, façonnées dans des moules, avaient la propriété d'assurer une combustion parfaite du tabac sans aucun risque d'altérer le foyer. La pyrolite présentait aussi l'avantage de pouvoir être facilement colorée* et décorée. Il existait plusieurs modèles* de forme classique, chacun égayé de couleurs parfois vives censées séduire la clientèle jeune.
Mais la pipe en pyrolite était si inaltérable qu'elle semblait manquer d'âme, et sa fabrication* a bientôt cessé.

Jean-Baptiste Haussard et Gérard Scotin, *Femme turque fumant sur un sofa*, XVIIIe siècle. Paris, bibliothèque des Arts décoratifs.

Raleigh (sir Walter)

Sir Walter Raleigh, fumeur invétéré, poète, navigateur et favori de la reine Élizabeth Ire, fut le principal promoteur du tabac* et de la pipe en Angleterre. Certains mauvais esprits ont prétendu que Raleigh voulait en réalité tirer profit de la plantation* qu'il avait créée en Irlande en 1580... Activité bientôt fort rentable, qu'il voulut étendre en fondant cinq ans plus tard en Amérique du Nord une colonie de planteurs nommée *Virginie* en hommage à sa souveraine, surnommée la « reine vierge » car elle n'avait pas d'enfants. Tombé en disgrâce à l'avènement de Jacques Ier, détenu dans la Tour de Londres de 1603 à 1616, il fut ensuite nommé à la tête d'une expédition en Orénoque. Ses attaques contre les colons espagnols déclenchèrent un sérieux incident diplomatique entre l'Angleterre et l'Espagne. Arrêté dès son retour, il fut condamné à mort. C'est en savourant avec flegme une délicieuse pipe indienne du plus bel érable que ce grand précurseur gravit les marches de l'échafaud en 1618.
À cette date, tous les Anglais de bonne condition sociale fumaient la pipe, sans distinction de sexe... ni d'âge (les enfants fumaient aussi !). Mais le tabac avait ses adversaires, dont Jacques Ier lui-même. Dans un vigoureux et vain pamphlet publié anonymement en 1604, *Counterblaste to Tobacco* (Contre le tabac), le souverain s'insurgeait contre une pratique imitée de peuples barbares, constituant une menace pour la société, nuisant à la santé* et ne profitant en fin de compte qu'au commerce espagnol.

A.D.

RANGEMENT

Certains fumeurs rangent leur pipe la tête* en bas : l'humidité de la pipe se concentre dans le fourneau et est absorbée par le carbone. De l'autre côté, les partisans de la tête en haut préfèrent ne pas inonder le fourneau d'un désagréable « jus de pipe », alors que le tuyau* peut être facilement nettoyé. Les deux thèses se valent, et peuvent d'ailleurs se réconcilier autour d'un astucieux compromis : introduire dans le tuyau une chenillette qui absorbera l'humidité résiduelle quelle que soit la position de la pipe. En tout état de cause, la pipe qui vient d'être fumée gagnera à ne pas être confinée dans un petit espace clos, comme une boîte ou un étui, avant quelques heures. Cela est particulièrement vrai des pipes en écume* qui, rangées chaudes dans les étuis destinés à les protéger durant un transport, prennent très rapidement un petit goût aigre extrêmement désagréable. Même froide, d'ailleurs, une pipe en écume ne doit pas être confinée dans son étui. Il convient par contre d'éviter absolument d'exposer à la chaleur les pipes traitées au blanc* de baleine, par exemple en plein soleil ou sous un spot. La graisse de cachalot fondrait à l'endroit exposé et se déposerait ailleurs, compromettant une coloration régulière du fourneau. Compte tenu des manies de chacun, tout est bon pour ranger ses pipes, même le haut de ses bottes, comme l'avaient institué les mousquetaires. Certes, il existe des objets spécialement conçus à cet usage, sorte de petits râteliers. Mais ils ne sont pas toujours très pratiques, le calibre des

pipes ne correspondant pas forcément aux encoches prévues. Puisqu'il s'agit en outre de les garder à l'abri des chocs, de la poussière et autres agressions domestiques, autant les placer, une fois bien refroidies, dans une boîte ou un tiroir. Il existe également des vitrines fermées, dont plusieurs modèles sont spécialement conçus pour les pipes. Ces installations n'étant pas seulement réservées aux musées* ou aux grandes collections*, on peut en trouver certaines dans des maisons comme Savinelli*.

Râpage des pipes, Saint-Claude, 1908.

Râpage

Le râpage, lors de la fabrication* des pipes de bruyère*, suit le fraisage. Il permet d'éliminer les coins arrières de la base du fourneau que la fraise n'a pu ôter, ceux-ci formant un petit bec inaccessible à la machine. Pour les pièces de grande qualité, il s'effectue toujours à la main, à l'aide d'une râpe conçue spécialement pour la bruyère. À Saint-Claude*, jusqu'à récemment, cette opération manuelle était confiée à des râpeurs indépendants, tous installés dans un petit village proche. Paysans pauvres sur une terre enneigée l'hiver, ils venaient chercher les pièces à l'automne et les rapportaient au printemps. Aujourd'hui les modèles courants sont râpés six par six sur un pantographe - machine dont les outils* sont montés en parallèle pour reproduire, grâce à un « palpeur », un objet-modèle, comme le pantographe du serrurier qui permet de reproduire une clef.

Sablage

À la fin de la fabrication*, on destine certaines pipes, dont la bruyère* présente un grand nombre de petits grains noirs

Pipes sablées de la maison Castello.

dus à un excès de silice, au sablage. Un mélange de sable et de poussière de verre est projeté sous pression, au pistolet, sur la tête de la pipe. Il attaque la bruyère, creuse ses parties tendres et dégage ses petits grains. Les parties dures apparaissent alors en relief. Pour éviter que sable et poussières n'envahissent l'atelier et les poumons du sableur, l'opération s'effectue aujourd'hui à l'abri d'une caisse en verre à travers laquelle ce dernier peut travailler grâce à des manchons. Le sablage ne présente pas seulement l'avantage de « récupérer » les pipes présentant certains défauts. En fait, les pipes sablées, plus légères et dont la surface irrégulière rend la fumée plus fraîche, sont souvent d'excellente qualité. Le sablage se pratique néanmoins de plus en plus rarement.

SAINT-CLAUDE
La capitale mondiale de la pipe

En France, blottie au creux d'une vallée du Jura, la petite ville de Saint-Claude mérite depuis un siècle et demi le titre de capitale mondiale de la pipe. Il n'existe pas, ailleurs au monde, de lieu où l'on se consacre avec autant d'ampleur à la fabrication* de ces objets. C'est vers 1850 que les artisans sanclaudiens, tourneurs sur bois de pères en fils depuis un millénaire, se mirent à confectionner des pipes en bruyère*. Aujourd'hui, les sept maisons de la « Confrérie des maîtres pipiers de Saint-Claude » fabriquent sept cent mille pipes par an, portant les noms de douze marques différentes : Bontemps, Butz-Choquin*, Chacom, Chap, Ewa, Genod, Graco, Jeantet, Jean Lacroix, Claude Romain, Ropp et Vuillard. Elles fournissent ainsi la quasi-totalité du marché français et exportent plus de la moitié de leur production, essentiellement en Europe mais aussi dans le monde entier, du Canada au Japon.

Manufacture de pipes à Saint-Claude.

À quelques exceptions près, ce sont des pipes de bruyère de modèles* courants qu'on fabrique ici, en usine et en série. Mais des méthodes ancestrales, des techniques éprouvées et des traditions familiales (la plupart des pipiers* d'aujourd'hui sont fils et petits-fils de pipiers) caractérisent toujours la fabrication sanclaudienne.

Les fumeurs doivent savoir que les pipes de Saint-Claude, d'un prix* toujours raisonnable, naissent davantage d'un artisanat traditionnel que d'une moderne industrie robotisée. La bruyère est une matière naturelle et délicate, qui exige cette garantie de qualité.

Planche extraite du *Tabac*, Guillaume de Nangis, XVIIIe siècle. Paris, Bibliothèque nationale de France.

Santé

Une cigarette ou une pipe ne contiennent qu'une dose infime de nicotine, qui n'induit chez la majorité des fumeurs que des effets légèrement sédatifs et tranquillisants, particulièrement bienfaisants chez les sujets anxieux. On comprend dès lors qu'elle est le principal agent de la toxicomanie, provoquant une accoutumance.

Or il a été montré que la fumée de pipe, en général plus alcaline que la fumée de cigarette, favorise l'absorption de la nicotine par les muqueuses buccales. Autrement dit, que le fumeur de pipe, contrairement au fumeur de cigarette, trouve son compte de nicotine sans avoir besoin d'inhaler la fumée. La grande majorité des amateurs de bouffardes*, en effet, se contentent d'aspirer la fumée dans la bouche, et de l'en expulser aussitôt. Ils se dispensent ainsi, au moins en grande partie, des effets nocifs, voire cancérigènes de différentes substances présentes dans le tabac*, comme les goudrons. Non seulement parce qu'ils ne les inhalent pas, mais aussi parce que leur mode de fumage – des petites bouffées rapprochées – diminue les taux de goudrons et de phénols. Le fumeur de pipe doit néanmoins prendre quelques précautions : ne pas fumer lorsqu'il souffre d'une quelconque blessure à la bouche, afin d'éviter une infection. Et surtout éviter d'absorber le « jus de pipe », riche en goudrons, qui se forme par condensation et se dépose dans la tige et le tuyau*. Tout ce qui évite la condensation doit être favorisé : une bonne épaisseur de bruyère*, un tabac de grosse coupe, l'absence de filtre*, un bon bourrage*.

> ***« Les peuples fumeurs, comme les Hollandais, qui ont fumé les premiers en Europe, sont essentiellement apathiques et mous ; la Hollande n'a aucun excédent de population. »***

Honoré de Balzac, *Traité des excitants modernes*, 1830.

Sauçage

À l'inverse des tabacs* naturels, les tabacs aromatiques délivrent, grâce à des additifs, des arômes et des saveurs supplémentaires. Si l'aromatisation* proprement dite, par ajout d'essences ou d'alcools, est destinée à donner un parfum, le « sauçage » (ou *saucing*) doit offrir au fumeur un goût complémentaire. Un ou plusieurs additifs sont employés, qui auront également pour mission de préserver le taux d'humidité du tabac. Ces additifs, leur composition et leurs subtils

mélanges, font naturellement partie des secrets de fabrication. Ils sont très nombreux, fort divers, et réglementés dans les pays soucieux de ne pas ajouter aux effets nocifs de la nicotine et du goudron ceux de produits chimiques réputés cancérigènes. On trouve parmi eux le sucre, la réglisse, le sirop d'érable, la glycérine, la mélasse, les extraits de fruits, le cacao ou le rhum.
Les tabacs « saucés » sont bien sûr l'objet de dégustations, au même titre et selon les mêmes procédures que les mélanges* naturels. Au cours de la transformation* du tabac, le sauçage s'effectue avant le hachage* des feuilles.

Savinelli

La maison Savinelli, fondée à Milan en 1876 par Achille Savinelli, est d'abord un simple commerce de tabac. C'est avec l'arrivée du deuxième Achille – petit-fils du fondateur, né en 1919 – après la deuxième guerre mondiale que la maison commence à fabriquer des pipes. À côté de la célèbre série *Punto Oro*, dont le modèle* 128, classique billiard à très beau veinage, est une des pipes les plus vendues dans le monde, Savinelli propose des pièces d'exception. La collection Giubileo d'Oro regroupe des pipes classiques de finitions très variées et sans aucun défaut.
La collection Autograph, dont chaque pièce est gravée de la signature d'Achille Savinelli, regroupe quelques fabuleuses *freehand**, dont celle que la maison appelle « éventail » : la tête* est constituée d'un bloc compact de bruyère* dont seules la base et les faces sont sculptées et polies ; sur les faces une admirable flamme* contrastée se déploie en éventail...
Jusqu'au début des années 1990, Savinelli a proposé des bruyères extraordinaires, appelées Corallo car leur très étrange texture évoquait le corail : taillées à la main selon une technique gardée secrète, elles étaient très légères et offraient une qualité comparable à celle de l'écume*.

Scaferlati.

Voir Hachage

Pipes en bruyère de la maison Savinelli ; au centre, pipe à huit faces de la série Octavia.

Séchage des ébauchons, Butz-Choquin, Saint-Claude.

Séchage

Une fois arrivés chez le pipier*, les ébauchons* vont connaître un dernier et long séchage avant d'être transformés en pipe. Selon leur qualité – c'est-à-dire souvent leur provenance –, le séchage s'effectue naturellement ou artificiellement. Les ébauchons corses d'une belle bruyère* tendre, par exemple, ont le privilège de sécher naturellement, à l'air libre, disposés sur des claies où ils seront régulièrement retournés à la fourche, dans de grandes pièces ouvertes où circule en permanence un courant d'air. Ce séchage naturel, qui dure de quatre à six mois, garantit la préservation de toutes les qualités du bois. En raison de la manutention, de l'espace et du temps qu'elle requiert, cette méthode coûte plus cher que l'autre méthode de séchage, cette fois artificielle, pourtant dispendieuse en énergie. Elle est utilisée pour les ébauchons de qualité courante, placés dans des pièces bien closes où des machines font circuler continuellement un air chaud. Le séchage artificiel réduit le temps de séchage à quatre ou cinq semaines, et ne demande quasiment aucune manutention puisque les ébauchons sèchent encore emballés dans leur sac d'origine.

Seita

La Seita, connue sous ce nom depuis 1980, tire son origine d'une institution bien plus ancienne, créée sous Louis XIV, pour gérer la vente et la fabrication du tabac* en France, la Ferme des tabacs. Le souci des différents gouvernements de réglementer et de s'assurer un monopole dans ce domaine ne date pas d'hier. Successivement nommée Seit, puis *le* Seita et enfin *la* Seita, l'entreprise, privatisée depuis février 1995, détient aujourd'hui, sur le marché français, une place prépondérante. Plus de la moitié des

tabacs à rouler et des tabacs à pipe vendus sur le territoire, sont produits par son usine de Metz. Ce sont des tabacs bruns classiques, comme le Caporal* ou le Saint-Claude, mais aussi des tabacs blonds aromatisés*, comme l'Amsterdamer ou le Narval.
La Seita diffuse ses tabacs à rouler ou à pipe essentiellement en France, même si sur les quelque quatre mille tonnes fabriquées en 1995, cinq cents environ ont été exportées vers les Pays-Bas, l'Allemagne, le Luxembourg ou la Belgique. Elle est l'une des meilleures garantes du « goût* français ».

Straight

Parmi les pipes droites ou *straight* (contrairement aux *bent**, à tige et tuyau* courbes), la plus simple et la plus répandue est la Billiard, pipe aux lignes très pures, dont le fourneau vertical fait un angle droit avec le tuyau. Plusieurs modèles classiques en dérivent : la Poker, appelée aussi Stand-up poker, car elle présente l'avantage, grâce à sa base rabotée, de tenir droite une fois posée ; l'Apple dont le fourneau possède la forme arrondie d'une pomme (elle existe également en *bent*) ; la Bulldog, robuste, massive et trapue comme son nom l'indique, présente un fourneau renflé en son milieu ; la finesse et la légèreté de la Canadian, qui présente une longue tige ovale mais un tuyau assez court, en font la préférée des esthètes ; la Pot est ainsi désignée pour la robustesse de son fourneau « riche en bois » ; la Dublin est une version plus légère de la Billiard, et s'en distingue aussi par la forme évasée de son fourneau ; la Lovat diffère de la Billiard essentiellement par son tuyau très court et sa curieuse lentille ; la Prince, qui possède un fourneau rond mais très aplati, semble spécialement indiquée pour les fumeurs rapidement rassasiés.
Notons enfin que les pipiers* proposent de nombreux modèles de *straight* dont les têtes* et les tuyaux présentent des facettes ; on les appelle alors Panel : Panel Billiard, Panel Apple, etc...

Double page suivante : Gustave Brun, *Échange de bons procédés*, 1878. Dôle, musée des Beaux-arts.

Affiche du film de Jacques Tati, *Les Vacances de Monsieur Hulot*, 1953.

TABAC
Blond ou brun

Le tabac est une plante appartenant à la famille des solanacées. En l'honneur de Jean Nicot dont une légende veut qu'il l'ait introduite en France, les botanistes l'ont baptisée *nicotiana*. L'espèce *nicotiana tabacum* fournit l'essentiel de la production destinée à la cigarette, au cigare et à la pipe. Le tabac est originaire d'Amérique, où il poussait à l'état sauvage. D'abord diffusé par les premiers conquérants du Nouveau Monde au XVIe siècle, il a ensuite conquis la planète entière.
Les plantations* s'épanouissent sous des climats tempérés à tendance chaude, sur des sols profonds et fertiles, légèrement acides et bien pourvus en eau. La Chine est le premier producteur mondial, suivie des États-Unis, de l'Inde, du Brésil et de l'Union européenne. La production dépasse actuellement les sept millions de tonnes annuelles.
Quatre grandes catégories de tabac sont produites dans le monde, définies notamment par les procédés utilisés lors de la transformation* de la plante. Le tabac blond séché artificiellement (type Virginie), base des cigarettes blondes et des tabacs blonds pour la pipe, représente les deux tiers de la production mondiale. Le tabac blond séché à l'air naturel, c'est-à-dire essentiellement le Burley, est un tabac léger, très apprécié des fabricants car il possède la propriété de bien absorber les substances aromatiques*. Le tabac brun séché à l'air, base des cigares, des cigarettes brunes et des tabacs bruns pour la pipe, est fabriqué notamment à Cuba et en France. Les « tabacs d'Orient », enfin, tabacs blonds séchés au soleil, sont utilisés, à cause de leur douceur, dans de nombreux mélanges*, et sont cultivés dans plusieurs pays riverains de la Méditerranée et de la mer Noire.
Mais il existe aussi d'autres tabacs qui échappent à ces catégories, comme le Périque, macéré plusieurs mois en tonneau avec du jus de prune et de la pulpe de fruits, ou le Latakié et le Kentucky, tabacs bruns fumés au feu de bois.

Tabakskollegium

Frédéric Ier – électeur de Brandebourg avant de devenir roi de Prusse en 1701 – amateur de fêtes luxueuses et fumeur invétéré, avait institué à la Cour les « vénérables soirées à la pipe ». Grand fumeur lui aussi, mais à l'inverse extrêmement économe, son fils Frédéric-Guillaume Ier perpétua ces soirées en fondant le *Tabakskollegium* (Collège de tabac). Cette sorte de club de fumeurs réunissait tous les soirs autour du roi ses proches et des invités plus ou moins réguliers, choisis pour leur bonne humeur et leur savoir. Les fumoirs aménagés pour recevoir le Collège répondaient au souci d'économie du roi. Les convives s'installaient sans cérémonie sur de simples chaises en bois autour d'une longue table, où étaient disposées les réserves de tabac et de pipes et quelques chopes de bière. En cas de fringale irrépressible, ils pouvaient se restaurer dans une salle voisine, où les attendait un buffet frugal. Ce côté spartiate du Collège

contrastait cependant avec l'aspect détendu de la conversation. La liberté de propos était la règle, à la condition toutefois qu'on évoque les grands sujets intéressant le royaume. Mais après quelques litres de bière, tout sérieux s'était évanoui dans l'épaisse fumée des pipes. Tard dans la nuit, le Collège ressemblait davantage à une salle de garde qu'à un cénacle de grands gentilhommes... Plus raffiné que son père, Frédéric II ferma le *Tabakskollegium* dès son accession au trône, en 1740.

Pages précédentes : Grandville (1803-1847), *Allégorie du tabac.* Paris, Bibliothèque nationale de France.

Gerrit Dou (1613-1675), *Autoportrait.* Amsterdam, Rijksmuseum.

Tête. Voir Anatomie

Terre

D'abord importées d'Amérique, les pipes en terre, qui dominèrent largement le marché jusqu'au triomphe de la bruyère*, furent au XVIIe et XVIIIe siècles essentiellement produites en Hollande, à Gouda*. Au XIXe siècle, des Français tels que Gambier*, Fiolet et Duméril-Leurs prirent le relais et devinrent célèbres.
La fabrication* était relativement simple. Après son extraction, la terre argileuse était détrempée dans une cuve en bois puis battue à l'aide d'une barre de fer. Le « rouleur » prenait ensuite une petite quantité de terre, correspondant à une pipe, et la roulait à la main sur une table. Le rouleau était renflé à l'une des extrémités, destinée à former le fourneau. Puis le rouleur perçait à la main le tuyau*, à l'aide d'une broche préalablement huilée. Toujours munie de sa broche, l'ébauche était disposée par le « mouleur » dans un moule de fonte ou de bronze. L'artisan évidait ensuite le fourneau en y insérant un « estampeux », petite pièce en forme de gland, puis achevait le perçage en poussant la broche vers le foyer. On débarrassait ensuite la pipe de toutes les bavures à l'aide d'un petit racloir. Enfin, la « trameuse » polissait* la pièce à l'aide d'une agate appelée « caillou ». Les pipes étaient alors passées au four où elles cuisaient durant une vingtaine d'heures à une température de deux à trois cents degrés. Après, une fois refroidies, elles étaient trempées dans un bain de savon, de cire et de gomme, qui les vernissait* et les blanchissait. L' « émailleuse-finisseuse » se chargeait enfin du décor final, appliquant au pinceau divers vernis et couleurs. La pipe passait au four une deuxième fois, le temps de fixer ces derniers ajouts.
Quelques pipes en terre, fragiles mais respectant bien la saveur et le goût* du tabac, sont encore fabriquées aux Pays-Bas, en Belgique et en France.

Pipe de Gambier, XIXe siècle. Collection Alain Demoly.

Le Petit Pisseur et *Le Canon.* Pipes de Gambier, XIXe siècle. Collection Alain Demoly.

Double page précédente : Léonard Defrance (1735-1805), *Visite à la manufacture de tabac.* Liège, musée de l'Art wallon.

Torréfaction

La torréfaction qui ne concerne que les tabacs* bruns, intervient à la fin de la fabrication. Après que le tabac a subi une première transformation* durant laquelle il a pu sécher et fermenter, il parvient chez le fabricant. Là, les morceaux de feuilles (qu'on appelle *strips*) sont humidifiés, de manière à ce qu'ils ne soient pas pulvérisés durant le hachage*.

Une fois celui-ci achevé, les scaferlatis encore humides sont séchés. Il s'agit de revenir à un taux d'humidité permettant leur bonne conservation : environ quinze pour cent. Les tabacs blonds sont introduits dans des séchoirs rotatifs à air chaud. Mais les tabacs bruns sont torréfiés, c'est-à-dire séchés au contact de plaques métalliques chauffées à deux ou trois cents degrés. Cette torréfaction renforce la puissance de leur goût* et de leur arôme, si caractéristique des tabacs de « goût français ».

Transformation

Chez le producteur, après la récolte, la première phase de transformation de la plante est le séchage, naturel ou artificiel. Dans le premier cas (*air curing*), les feuilles sont simplement suspendues dans un hangar bien ventilé, où elles sèchent à l'air libre durant un ou deux mois. C'est la méthode utilisée le plus couramment pour les tabacs* bruns.

Le séchage artificiel grâce à des canalisations d'air chaud (*flue curing*) – il dure environ une semaine – est utilisé pour la plupart des tabacs blonds. La rapidité de la dessiccation permet en effet, en limitant l'oxydation des feuilles, d'une part de conserver leur couleur jaune,

Séchage des feuilles de tabac, Dordogne.

d'autre part de maintenir dans la plante l'essentiel de sa teneur en sucre. D'où la différence essentielle, outre la couleur, entre tabacs blonds et tabacs bruns : le sucre des premiers, en se consumant au moment de fumer, déclenche une réaction acide, alors que les seconds, sans sucre, présentent une réaction basique. D'autres procédés de séchage sont plus rarement employés, tels le séchage au feu et le séchage au soleil.

Après, les tabacs bruns et les tabacs d'Orient subissent une fermentation, et les tabacs blonds un simple vieillissement. La fermentation des tabacs bruns, effectuée selon diverses méthodes, doit mener à son terme le processus d'oxydation, éliminer les dernières traces de sucre et de chlorophylle. Les tabacs d'Orient, quant à eux, séchés au soleil, subissent une fermentation beaucoup plus naturelle et modérée. Les tabacs blonds ne sont pas fermentés – ils perdraient leur couleur jaune – mais seulement « vieillis » au cours d'une période de stockage plus ou moins longue. Tous les tabacs sont ensuite expédiés au fabricant, où ils seront mélangés*, hachés*, et éventuellement aromatisés*.

Tuyau

C'est avec la pipe en porcelaine* que se généralisa au XVIIIe siècle une invention majeure datant du siècle précédent : le tuyau amovible, indépendant du fourneau, mis au point par les pipiers* allemands de Höhr.

La tête de leurs pipes était en terre*, et le tuyau en merisier garantissait une fumée plus fraîche. L'écume* et son tuyau d'ambre*, puis la bruyère* et ses

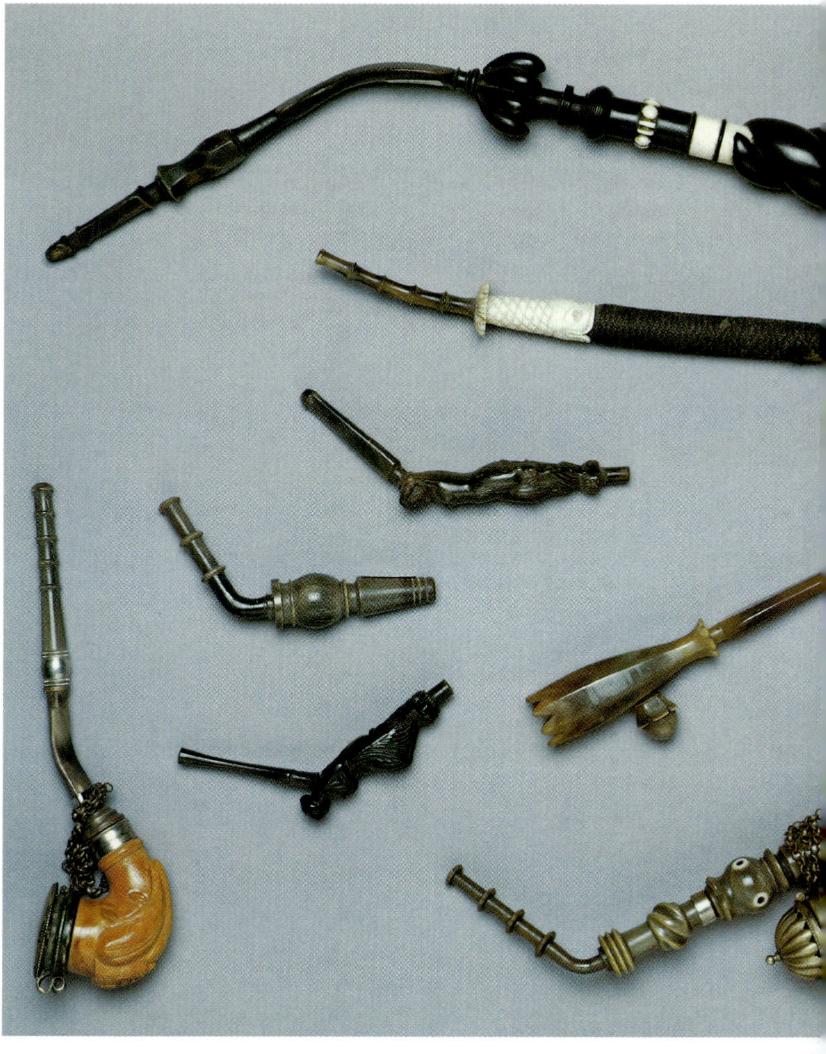

Tuyaux de pipes en argent, ambre, os, ivoire et ébène.

tuyaux en os, en corne ou en merisier coexistèrent longtemps avec les traditionnelles pipes en terre d'une seule pièce.

De toutes ces matières, seul l'ambre était à la fois suffisamment léger et non poreux pour ne pas alourdir la pipe et offrir une fumée parfaitement douce. Les autres tuyaux ne pouvaient procurer ce plaisir qu'à la condition d'être assez longs. Mais la matière idéale devait être également bon marché. Elle fut trouvée par les pipiers dans les années 1930 : c'était le caoutchouc vulcanisé, autrement dit l'ébonite. D'autres tuyaux sont aujourd'hui fabriqués en corne, en cumberland (une ébonite de qualité supérieure) ou en ambrolith (une résine synthétique imitant l'ambre).

La fabrication d'un tuyau en ébonite consiste d'abord à fondre un mélange de soufre, de caoutchouc liquéfié et de matière plastique, puis à le couler dans des moules. Chacun contient une broche qui permet de laisser la place du conduit de tirage. Les tuyaux sont démoulés avant leur refroidissement

total pour dégager cette broche. Ils sont ensuite étuvés en autoclave. La vapeur brûlante déclenche une réaction du soufre et la matière devient de l'ébonite. Tous les tuyaux sont moulés droits. Ceux qui sont destinés aux *bent** – les pipes à tuyau courbe – doivent être d'abord chauffés puis courbés à la main sur des formes. Enfin, droits ou courbes, les tuyaux subissent un premier polissage* avant d'être livrés au pipier. Celui-ci se chargera du montage* de la pipe, comme des dernières finitions.

Ulm

Depuis le XVIe siècle et jusqu'à l'« invention » de la bruyère*, divers bois furent utilisés en Europe pour façonner des pipes, mais seuls les plus durs – qui brûlaient moins vite que le tabac* se consumait – donnèrent quelque satisfaction, bien qu'ils soient les plus difficiles à travailler : parmi eux le chêne, le hêtre, le cerisier, et surtout le merisier qui pousse à l'état sauvage (on l'utilise encore pour fabriquer des pipes en Hongrie et en Autriche). Ces pipes en bois connurent peu de développement industriel. Seules celles fabriquées à Ulm et dans sa région à partir de 1650 connurent, pour leur élégance, un certain succès dans le reste de l'Europe. Leurs têtes en orme, en aulne, et plus rarement en noyer ou en buis, présentaient un beau veinage et les artisans leur ajoutaient de fins ornements en argent. Ces « pipes d'Ulm » étaient le plus souvent munies d'un couvercle et d'une chaînette reliant la tête et le tuyau*. Le couvercle présentait d'autres avantages que le ralentissement de la combustion : il protégeait du vent et de la pluie lorsqu'on fumait en plein air et prévenait aussi les incendies.

Vauen

Avec ses soixante mille pièces produites par an, la maison Vauen, fondée en 1900 à Nuremberg, est le premier pipier allemand. Fait très rare dans le monde de la pipe, c'est une femme, Ruth Eckert, qui a longtemps supervisé le design des produits.

Parmi le « haut de gamme » de la maison (marqué depuis 1911 d'un point blanc en Allemagne, ou gris pour l'importation), on note l'extraordinaire série Zeppelin, qui comprend des pipes en forme de cigare, modèle de sécurité autorisé autrefois à bord des balons dirigeables… Toutes les Zeppelin sont faites à la main et numérotées. Très originale également, la série Select,

Pipe, cure-pipe et tabac Zeppelin, Vauen.

dont les pipes sont ornées d'un tuyau joliment renflé et parfois d'une virole en argent massif. Elles sont proposées en straight* ou bent* et il en existe des versions sablées (voir Sablage).
Plus classique, la série Mac Rooty regroupe de belles pipes, très courtes et compactes. Elles tiennent merveilleusement bien en main, ce qui permet de goûter pleinement à leur magnifique bruyère (parfois sablée). Vauen est également spécialisée dans la fabrication de filtres* en papier, dont certains ont été adoptés par des maisons telles que Butz-Choquin* ou Savinelli*.

Vernissage

Parmi les diverses finitions facultatives des pipes en bruyère*, le vernissage exige, tout comme le polissage*, le tour de main d'une virtuose. Le vernis, appliqué avec un peu de coton imbibé, sèche en effet presque instantanément sur le bois, et doit donc être étendu sur la totalité de la tête* en un seul passage d'égale intensité. Toute « reprise » serait visible et condamnerait la pipe au rebut. Il convient également de veiller à ce qu'un peu de vernis ne déborde – et a fortiori ne coule – dans le foyer, ce qui rendrait la pipe infumable. L'opération est d'autant plus délicate que le bord supérieur du fourneau est lui aussi vernis. Le vernis d'un fourneau surchauffé risquant de s'écailler, il est conseillé de choisir, de culotter* et de fumer une pipe vernie avec circonspection.

Virole

Destinée à protéger, en la recouvrant, la fragile jonction entre le tuyau* et la tige, la virole présente sur certaines pipes est une bague en métal, le plus souvent en argent*, parfois en or. Mais les pipes à virole, qui se déclinent en différents modèles*, ne sont pas recherchées pour leur seule solidité : de nombreux fumeurs les aiment aussi pour des raisons de pure esthétique. La plus classique et la plus célèbre d'entre elles demeure sans doute la Bent Army de la maison Kapp* & Peterson.

Pipe vernie, Dunhill.

C H R O N O

VIe s. Première représentation connue d'une pipe, sur un bas-relief d'un temple maya à Palenque, au Mexique.

1492 Le 15 octobre, dans l'île de Guanahani, l'un des hommes de Christophe Colomb découvre le tabac.

1498 Compagnon de Colomb, Rodrigo de Jerez est jugé par l'Inquisition à Barcelone pour avoir fumé du tabac : il passera dix ans en prison.

1525 Un texte du navigateur Pierre Grigon atteste qu'on commence à fumer la pipe en France.

1550 La vogue du tabac, considéré comme une plante médicinale, démarre en Europe.

1575 Création de la première manufacture européenne de pipes en terre, à Broseley, en Angleterre.

1585 Sir Walter Raleigh, promoteur du tabac et de la pipe en Angleterre, fonde la colonie de planteurs de tabac *Virginie* en Amérique du Nord.

1600 Apparition des pipes en fer et en argent, utilisées d'abord par les soldats en campagne.

1604 Le roi d'Angleterre Jacques Ier s'insurge contre le tabac dans un pamphlet anonyme : *Counterblaste to Tobacco.*

1605 En Turquie, le sultan décrète l'interdiction de fumer.

1617 Création à Gouda (Hollande) par un pipier catholique anglais de *La Rose couronnée*, première manufacture de pipes en terre dans cette ville. Gouda sera le centre européen de fabrication des pipes en terre durant les XVIIe et XVIIIe siècles.

1628 Ouverture de la première manufacture allemande de pipes en terre à Cologne. Peu après, les pipiers de la ville voisine de Höhr inventent le tuyau amovible.

1648 Georges de La Tour peint *Le Souffleur à la pipe.*

1650 La ville d'Ulm et sa région deviennent un centre de fabrication de pipes en bois.

1675 Date probable de l'invention de la pipe en écume, en Turquie.

1700 Apparition en Angleterre et en Hollande des premières pipes en terre décorées (dont les pipes « serpentines » du Staffordshire).

1710 À Meissen, en Allemagne, apparition des premières pipes en porcelaine.

1713 Avènement du roi de Prusse, Frédéric-Guillaume Ier, fondateur du *Tabakskollegium.*

1723 Débuts de la pipe en écume à Budapest puis à Vienne, sous l'égide, semble-t-il, d'un aristocrate, le comte Andrássy.

1750 Les premiers pipiers de Saint-Claude, dans le Jura français, fabriquent des pipes en buis.

1780 Création à Givet, dans les Ardennes, de la maison Gambier, célèbre fabricant de pipes en terre dans la France du XIXe siècle.

1802 À Cogolin, dans le Var, l'agriculteur Ulysse Courrieu aurait conçu la première pipe en bruyère, avant de devenir pipier professionnel.

1835 Alfred de Musset dessine George Sand fumant la pipe.

1842 *Autoportrait au chien noir*, de Courbet, où l'on voit le peintre tenir une pipe en guise de pinceau.

1855 Date probable des débuts de la fabrication des pipes de bruyère à Saint-Claude. La petite ville deviendra rapidement la capitale mondiale de la pipe.

L O G I E

1857 Parution des *Fleurs du mal*, de Charles Baudelaire, contenant le sonnet *La Pipe*.

1858 Naissance à Saint-Claude de la maison Butz-Choquin.

1869 Invention de la pipe en maïs par un fermier du Missouri.

1876 Naissance à Milan de la maison Savinelli, aujourd'hui le premier pipier italien.

1890 Le pipier irlandais Charles Peterson invente le système à réservoir qui fera sa gloire.

1900 Naissance à Nuremberg de la maison Vauen, aujourd'hui le premier pipier allemand.

1906 Alfred Dunhill crée sa première pipe, destinée à un automobiliste. La fabrication des pipes Dunhill se développe à partir de 1910.

1920 Trente millions de pipes de bruyère sont fabriquées à Saint-Claude.

1947 Parution de *La Pipe de Maigret*, de Georges Simenon. En Italie, près de Côme, le buraliste Carlo Scotti fabrique ses premières pipes et crée la maison Castello : il deviendra l'un des grands maîtres pipiers du siècle.

1950 Au Danemark, le fabricant de tabacs W. Ø. Larsen façonne ses premières pipes de bruyère.

1951 Le Suédois Sixten Ivarsson, considéré souvent comme le pipier le plus inventif du XXe siècle, ouvre son atelier à Copenhague.

1961 Le gouvernement turc octroie à ses pipiers le monopole de la fabrication des pipes en écume, en interdisant l'exportation d'écume brute. L'âge d'or de la pipe en écume s'achève.

1965 Création aux États-Unis de la pipe en pyrolite, composée à 99,995 % de carbone pur.

1970 Deux millions de pipes de bruyère sont fabriquées à Saint-Claude.

1975 Fermeture du dernier industriel français de pipes en terre, la maison Laville. À Brême, en Allemagne, Karl Heinz Joura fabrique sa première pipe.

1987 Quatre pipiers renommés de Saint-Claude se réunissent pour former le holding Cuty Fort. Ils décident de diversifier leur production en créant également différents objets de luxe en bois, en cuir ou en corne.

1990 Sept cent mille pipes de bruyère sont fabriquées à Saint-Claude.

BIBLIOGRAPHIE SÉLECTIVE

D. A. Goedewagen, *Histoire de l'industrie des pipes à Gouda*, Gouda, 1942.
Alfred Henry Dunhill, *The Pipe book*, Londres, 1969.
Michel Belloncle, *Les Objets du fumeur*, Paris, 1971.
Jean-Léo, *Les Pipes en terre françaises*, Bruxelles, 1971.
Pierre Sabbagh, *Guide de la pipe*, Paris, 1973.
André-Paul Bastien, *La Pipe*, Paris, 1973.
Georges Herment et Olivier Goldet, *Traité de la pipe*, Paris, 1979.
Gilbert Guyot, *Les Pipiers français*, Paris, 1992.
Alexis Liebaert et Alain Maya, *La Grande Histoire de la pipe*, Paris, 1993.
Dominique Delalande, catalogue de l'exposition *La Fleur du mal - Cinq siècles d'objets d'art autour du tabac*. Bagatelle, Paris, 1994.

I N D E X

INDEX

Crédits photographiques : Jack Burlot 12, 57 ; Joura 73b ; Keating 40-41 ; Sarramon 25 ; Stan Hill 73h ; Verlucca 35h ; AMSTERDAM, Rijksmuseum 106 ; HAMBOURG, Kunsthalle 28 ; LIÈGE, musée de l'Art wallon 108-109 ; NEW YORK, Bettmann Archive 74h ; NUREMBERG, Vauen 113b ; PARIS, Bios/Alain Compost 70 ; Jacques Boulay couverture, 6, 17hg, 20, 21, 33, 35b, 38, 43, 45, 48, 48-49h, 52-53, 54, 55, 58-59, 60, 63, 66, 68, 74b, 76-77, 78-79b, 80h, 81, 85, 89, 94-95, 96b, 99, 107, 114, 115 ; Jean-Loup Charmet 30, 64-65b ; Christophe L 37h, 101 ; Dagli Orti 16, 4, 44, 72, 93, 102-103, 118 ; Keystone 78h ; Magnum/Éric Lessing 22 /Henri Cartier-Bresson 27 /Richard Kalvar 47 ; Musée de la Seita 17d ; Photothèque des musées de la ville de Paris 10 ; Réunion des musées nationaux 15, 36-37b, 39, 62bg, 69, 82-83, 86, 90 ; Roger-Viollet 18-19, 32, 67, 75, 80b, 87, 96h, 97 ; VANVES, Explorer 104 /Jean-Loup Charmet 98h /Le Toquin 112 /Peter Willi 50 ; Gamma 62d, 88, 110-111 / J. -M. Turpin 13, 49, 64h, 100 ; Giraudon 56 /Bridgeman 4-5.

Directeur de la Série Art de vivre : Stéphane Melchior-Durand
Coordination éditoriale : Béatrice PETIT
Assistante édition : Chloé JARRY
Rewriting : Élisabeth ANDRÉANI
Direction artistique : Frédéric CÉLESTIN
Mise en pages : Thierry RENARD
Photogravure, Flashage : Pollina s.a., Luçon
Papier : BVS-Plus brillant 135 g. distribué par Axe Papier, Champigny-sur-Marne
Couverture imprimée par Pollina s.a., Luçon
Achevé d'imprimer et broché en avril 2003 par Pollina s.a., Luçon

ISBN : 2-08-011790-4
ISSN : 1258-2794
N° d'édition : FA 1790-07
N° d'impression : L89541
Dépôt légal : novembre 1996
Imprimé en France

Pages 4-5 : Adriaen Van Ostade (1610-1684), *L'Homme à la pipe d'argile* (détail). Coll. part.
Page 118 : Les frères Le Nain, *Le Corps de garde* (détail), 1643. Paris, Louvre.

COMMENT L'ABC*daire* Y RÉPOND...

Le guide de l'abécédaire p. 6

Il explique comment comprendre la pipe en regroupant les notices de l'abécédaire selon trois perspectives. Un code de couleurs indique le genre de chaque notice :

■ L'usage :
l'art de fumer,
l'entretien,
le tabac à pipe.

■ L'objet :
les savoir-faire,
les matières,
la fabrication.

■ Le contexte :
l'histoire,
le commerce,
les amateurs.

Au fil de ces notices, et grâce aux renvois signalés par les astérisques, le lecteur voyage comme il lui plaît dans l'abécédaire.

L'abécédaire p. 29

Par ordre alphabétique, on trouvera dans ces notices tout ce qu'il faut savoir pour entrer dans l'univers de la pipe. L'information est complétée par les éclairages suivants :
- des commentaires détaillés sur la meilleure façon de s'adonner au plaisir de fumer la pipe ;
- des encadrés qui insistent sur les notions essentielles.

La Pipe racontée p. 11

En tête de l'ouvrage, une synthèse reprend l'articulation du guide de l'abécédaire en développant chacun de ses thèmes.